[illegible]

RV

John Kampfner ist Journalist, Autor und Kommentator. Er war viele Jahre deutscher Auslandskorrespondent in Bonn, Ostberlin und Moskau und berichtete über den Mauerfall und den Kollaps der Sowjetunion von beiden Seiten des Eisernen Vorhangs. Er schrieb und kommentierte u.a. für die *Financial Times*, BBC und war Chefredakteur des *New Statesman*. Seine Bücher «Blair's Wars» und «Why the Germans Do it Better» waren Bestseller in Großbritannien.

John Kampfner

# Warum Deutschland es besser macht

Ein bewundernder Blick von außen

Übersetzt von Barbara Steckhan und Thomas Wollermann

ROWOHLT

Die englische Originalausgabe erschien 2020 unter dem Titel
«Why the Germans Do It Better» bei Atlantic Books Ltd, London.

Deutsche Erstausgabe
Veröffentlicht im Rowohlt Verlag, Hamburg, Mai 2021

Einbandgestaltung Anzinger und Rasp, München
Satz Lyon Text bei Dörlemann Satz, Lemförde
Druck und Bindung CPI books GmbH, Leck, Germany
ISBN 978-3-498-00251-0

Die Rowohlt Verlage haben sich zu einer nachhaltigen Buchproduktion verpflichtet. Gemeinsam mit unseren Partnern und Lieferanten setzen wir uns für eine klimaneutrale Buchproduktion ein, die den Erwerb von Klimazertifikaten zur Kompensation des $CO_2$-Ausstoßes einschließt.
www.klimaneutralerverlag.de

FSC
www.fsc.org
MIX
Papier aus verantwortungsvollen Quellen
FSC® C083411

# Inhalt

Im Angedenken an Betty und Fred, meine Eltern,
die Deutschland während des Kriegs, jeder auf seine Weise,
von seiner schlimmsten Seite erlebten.

EINLEITUNG

# Deutschland und die Insel

Im Januar 2021 jährte sich zum 150. Mal die formelle Gründung des deutschen Nationalstaats, doch das Interesse der Deutschen, diesen Meilenstein der Geschichte feierlich zu begehen, war eher gering. Deutschland steht von Bismarck bis zu Hitler für Militarismus, Krieg, Holocaust und Teilung. Kein anderes Land hat in so kurzer Zeit so viel Unheil angerichtet.

Doch gab es in jüngster Zeit auch zwei Jubiläen, die ein anderes Bild zeichnen. Im November 2019 feierten Millionen den 30. Jahrestag des Falls der Berliner Mauer. Und im Oktober 2020 sind drei Jahrzehnte seit der Wiedervereinigung vergangen, auch das ein Anlass – unter Pandemie-Bedingungen – für öffentliche Festakte. In seiner ersten Hälfte glich die Historie des modernen Deutschlands mit Krieg und Diktatur einer Horrorgeschichte. Seine zweite ist auf bemerkenswerte Weise von Wiedergutmachung, Stabilität und Reife geprägt.

Kein Land hat so viel Positives in so kurzer Zeit erreicht. Das ist jene Seite der deutschen Geschichte, von der ich berichten möchte. Vielen fällt es schwer, Deutschland als moralisches und politisches Vorbild zu sehen. Die erstaunlich vielen Engländer, die auch heute noch Churchill und dem britischen Gemeinschaftsgeist unter den deutschen Luftangriffen auf London, dem «Blitz», nachhängen, habe ich bereits mit einigen unbequemen Wahrheiten konfrontiert. Aber auch die Deutschen, die sich gerne zieren, Verantwortung zu übernehmen, werden sich herausgefordert fühlen.

Während derzeit in vielen Teilen der Welt autoritäre Systeme Konjunktur haben, ein außer Rand und Band geratener und inzwischen abgewählter amerikanischer Präsident die Demokratie aushöhlte, China nach neuer und Russland nach alter Macht greift, bildet *ein* Staat – Deutschland – ein Bollwerk der Vernunft und der Stabilität.

Es steht sehr viel auf dem Spiel. Die freiheitliche Demokratie an sich ist in Gefahr, und Deutschland kommt eine zentrale Rolle bei ihrer Rettung und Erneuerung zu.

Deutschland hat eine stabile Verfassung, politische Diskussionen werden auf einem reiferen Niveau als anderswo geführt, und die wirtschaftliche Leistungsfähigkeit des Landes war nach dem Krieg über weite Strecken einzigartig. Deutschlands Krisenmanagement könnten sich viele andere Staaten zum Vorbild nehmen, was sich nicht zuletzt zu Beginn der Coronavirus-Pandemie gezeigt hat. Und welches andere Land wäre in der Lage gewesen, eine Riesenaufgabe wie die Wiedervereinigung zu bewältigen, und das mit insgesamt überschaubaren Reibungen? Welche andere Nation in Europa – von der Türkei einmal abgesehen – hätte mehr als eine Million notleidende Menschen aufgenommen?

Deutschland steht vor vielen Problemen: Der Zustrom der Flüchtlinge hat gesellschaftliche Spannungen verschärft. Das Vertrauen in die politischen Parteien schwindet. Viele Menschen, besonders im Osten des Landes, fühlen sich von den simplen Parolen des politischen Extremismus angesprochen. Das Wirtschaftswachstum hat sich durch eine überzogene Konzentration auf den Export, insbesondere nach China, durch eine alternde Bevölkerung und eine in Teilen marode Infrastruktur verlangsamt.

Europa und die demokratische Welt verlangen dringend nach Führung, doch Deutschland zögert, außenpolitische Verantwortung zu übernehmen.

Woher also das Vertrauen, woher der Glaube an Deutschland? Ein Land wird genau wie eine Institution oder ein einzelner Mensch weniger an der Größe der Schwierigkeiten gemessen, die es zu bestehen gilt, als an der Art und Weise, wie sie überwunden werden. Unter diesem Aspekt kann man Deutschland nur beneiden. Es hat sich eine Reife erworben, die vielen anderen Ländern fehlt. Das war in keiner Weise vorherbestimmt, Deutschland hat es sich hart erkämpft.

Fünf entscheidende Jahre waren es, die Deutschland nach dem Zweiten Weltkrieg prägten: 1949, 1968, 1989, 2015 und 2020. Ich werde im Folgenden die Bedeutung dieser einschneidenden Momente für die einzelnen Lebensbereiche betrachten, allerdings eher thematisch geordnet als chronologisch. Sie haben tiefe Spuren in der Gesellschaft hinterlassen und allesamt Deutschland zu dem gemacht, was es heute ist.

Von 1945 bis 1949 dominierte der Wiederaufbau des verwüsteten und besetzten Landes. Kriegsschäden gab es in fast allen Städten, viele lagen in Schutt und Asche. Millionen Menschen waren auf der Flucht. Aus der vom Trauma der totalen Niederlage beherrschten Stimmung halfen die Alliierten, insbesondere die Amerikaner, dem Land wieder auf die Füße.

Die Basis allen öffentlichen Lebens in Deutschland ist das Grundgesetz. Dieses außergewöhnliche Dokument stellt eine der größten Leistungen aus der Zeit des Wiederaufbaus und der Neuausrichtung nach dem Zweiten Weltkrieg dar und hat sich als ausreichend robust und dabei zugleich als anpassungsfähig erwiesen. Die mehr als 60 Änderungen und Ergänzungen haben seinen Kern nicht angetastet. Damit ist es im Vergleich mit anderen Gründungsdokumenten so etwas wie ein Geniestreich. Die Verfassung der USA beispielsweise schleppt auf das 18. Jahrhundert zugeschnittene Bestimmungen mit sich herum (wie etwa den 2. Verfassungszusatz, das Recht der Bürger auf Waffenbesitz); Frankreichs Vierte Republik, ungefähr zur selben Zeit gegründet wie die Bundesrepublik, hatte nur zwölf Jahre Bestand. Die spanische Verfassung, 1978 nach dem Ende der Franco-Diktatur verabschiedet, gerät durch den Streit zwischen Zentralregierung und Katalonien schwer unter Druck. Italien und Belgien hatten nach dem Zweiten Weltkrieg große Schwierigkeiten, überhaupt stabile Regierungen zu bilden. Und im Vereinigten Königreich behilft man sich mit Improvisation und hofft, schon irgendwie durchzukommen.

Der Aufbau der politischen Architektur des westlichen Nachkriegsdeutschlands ist einer der großen Erfolge der freiheitlichen Demokratie. Auch die Briten hatten daran ihren Anteil. Sie halfen bei der Ausarbeitung einer Verfassung, die so erfolgreich wurde, dass viele Deutsche sie heute als ihren größten Stolz bezeichnen. Warum ist Großbritannien selbst nicht auf die Idee gekommen, etwas Ähnliches auch für unser Land zu schaffen, anstatt sich weiter mit so peinlich verknöcherten politischen Strukturen herumzuschlagen?

So erfolgreich sich der Wiederaufbau der deutschen Wirtschaft gestaltete, so wenig Platz blieb für Wiedergutmachung und ein historisches Schuldbekenntnis in jenen frühen Nachkriegsjahren. Dazu kam es erst in der zweiten prägenden Phase, im Zuge der Proteste von 1968, als die junge Generation Eltern und Großeltern mit der Vergangenheit konfrontierte und nicht mehr bereit war, Verschweigen, Halbwahrheiten und Lügen zu akzeptieren. Die Jungen verlangten Antworten auf ihre Fragen über das vergangene Grauen; sie wussten, dass viele der Älteren daran beteiligt gewesen waren oder auch darüber hinweggesehen hatten.

Das dritte Schlüsselereignis war natürlich der Fall der Mauer und die Wiedervereinigung, die sich keineswegs mit historischer Zwangsläufigkeit ergab, und ein friedlicher Verlauf war nicht selbstverständlich.

Seither ist viel über die im Vereinigungsprozess begangenen Fehler gesprochen worden. Hätte mehr von der ostdeutschen Wirtschaft erhalten werden können? Wurde zu überstürzt gehandelt? Hatten sich die *Wessis* arrogant und unsensibel verhalten? Warum wurden vorhandene Stärken der DDR, wie die gleichberechtigtere Rolle der Frauen, nicht anerkannt? All dies sind wichtige Fragen. Dennoch: Wohl kaum ein anderes Land hätte eine Mammutaufgabe wie diese mit so wenigen Begleitschäden bewältigt.

Den vierten Umbruchsmoment löste die Flüchtlingskrise 2015 aus. Schlussendlich war Deutschlands damalige Reaktion bemerkenswert. Zur großen Verblüffung seiner Nachbarn öffnete das Land einer seit Ende des Weltkriegs in Europa nicht mehr gesehenen Zahl flüchtender Menschen die Türen. Das riss gesellschaftliche Wunden auf. Der politische Diskurs wurde angeheizt. Die AfD feierte Wahlsiege.

Trotzdem war es die richtige Entscheidung, eine gute Entscheidung. Was sonst hätte Deutschland tun sollen, müssen sich die Kritiker fragen lassen.

Das Bild des heutigen Deutschlands ist stark von seiner Kanzlerin geprägt. In einer Fernsehansprache wenige Wochen nach Ausbruch der Corona-Krise bezog sich Angela Merkel auf den Zweiten Weltkrieg, und zwar – eine Ausnahme in der deutschen Politik – einmal nicht mit einem Bekenntnis deutscher Schuld: «Seit der Deutschen Einheit, nein, seit dem Zweiten Weltkrieg gab es keine Herausforderung an unser Land mehr, bei der es so sehr auf unser gemeinsames solidarisches Handeln ankommt.» In ernstem Ton sprach sie weiter von den notwendigen Einschränkungen des öffentlichen Lebens, vom Einsatz der Bundeswehr, von der Einhaltung der getroffenen Maßnahmen. «Lassen Sie mich versichern: Für jemandem wie mich, für die Reise- und Bewegungsfreiheit ein schwer erkämpftes Recht waren, sind solche Einschränkungen nur in der absoluten Notwendigkeit zu rechtfertigen. Sie sollten in einer Demokratie nie leichtfertig und nur temporär beschlossen werden – aber sie sind im Moment unverzichtbar, um Leben zu retten.» Die Kanzlerin, die im sozialistischen Deutschland hinter der Mauer gelebt hatte, machte es sich nicht leicht mit diesen von der Not diktierten Freiheitsbeschränkungen.

Und was geschah unterdessen bei uns auf der Insel? Das Vereinigte Königreich hatte die Krise in keinem Augenblick im Griff. Es taumelte von einer Entscheidung zur nächsten unter ständigen offiziellen Verlautbarungen, die durchweg vom typischen großspurigen Getöse Boris Johnsons geprägt waren. Jede Maßnahme erhielt den Stempel «einzigartig in der Welt», nur um sich alsbald als unwirksam zu erweisen, ob es nun um Schutzkleidung, Ausgangsbeschränkungen oder eine Corona-App ging. Von der Quarantäne bis zum Lockdown, Johnson geriet bei jedem Schritt ins Straucheln.

Deutschland verzeichnete ganz andere Fallzahlen und erst recht eine andere Atmosphäre. Der Umgang des Landes mit der Krise war insbesondere während der ersten Welle von Kompetenz und Merkels ruhiger Hand geprägt. Die Kanzlerin respektierte die Entscheidungen, die in den Bundesländern und Städten getroffen wurden. Sie und ihre Regierung konzentrierten sich auf vorausschauende Planung, vertrauten den Wissenschaftlern und sprachen offen und nüchtern mit den Bürgern.

Im Winter 2020/21 trübte sich dieses positive Bild etwas. Der Bundesregierung mangelte es an Entscheidungsfreude, und in den Bundesländern regte sich Widerspruch gegen ihre Maßnahmen. Die Bürger hielten sich nicht so streng an die Regeln, wie es nötig gewesen wäre. Und obwohl einer der Impfstoffe das Siegel «Made in Germany» trug, lief das Impfprogramm nur langsam und mit Pannen an.

Noch ehe ich dieses Buch abschloss, entwickelte sich zwischen der EU-Kommission und einigen Pharmaunternehmen eine heftige Auseinandersetzung, weil die EU-Mitgliedstaaten viel langsamer mit Impfstoff beliefert wurden als das Vereinigte Königreich. Dass es die Kommission versäumt hatte, das Vakzin rechtzeitig und in ausreichender Menge zu ordern, wollte sie nicht eingestehen. Großbritannien oder auch Israel und die Vereinigten Staaten hatten schneller und klüger gehandelt. Es war das erste Mal, dass die Regierung Johnson in der Corona-Pandemie etwas richtig gemacht hatte.

Viele Deutsche waren wütend auf die Kommission und ihre (deutsche) Präsidentin Ursula von der Leyen. Schließlich hatten sie die Entwicklung des ersten Vakzins von Pfizer/BioNTech im vergangenen November noch als deutsche Erfolgsgeschichte verkauft. Bestürzt verfolgten sie die neue Entwicklung der Dinge. Viele der britischen Medien ergingen sich in Schadenfreude. Statt solidarischem Handeln galt das Motto: Wer ist der Erste? Würde sich Johnson diesen «Sieg» auf die Fahnen schreiben können?, fragten sich einige. Würde ihn dies vor all der Kritik schützen, die nach einer öffentlichen Untersuchung seiner Pandemiebewältigung wahrscheinlich folgen wird? Schließlich hatte seine Mannschaft in der letzten Minute des Spiels doch noch das Siegtor geschossen. Politik, reduziert auf sportlichen Wettkampf. Eine sehr britische Sichtweise.

Leider ist die Pandemie noch längst nicht bewältigt, obwohl sich die Bürger Großbritanniens im Winter und Frühjahr 2021 in einem bewundernswerten Tempo impfen lassen konnten. Aber wird das Mittel auch wirksam gegen all die verschiedenen Mutationen sein? Und wie rasch wird sich die Welt erholen, wenn der Lockdown insgesamt aufgehoben ist? Die schreckliche Zahl von 100 000 Corona-Toten in Großbritannien erfülle ihn mit großem Kummer, erklärt Boris Johnson bedrückt, ohne zu beantworten, warum die Pandemie in Großbritannien mehr Opfer forderte als in vergleichbaren Staaten.

Es war eine seltene und wenig überzeugende Darstellung von Demut. Zumal sie auch nicht lange anhielt.

Doch wenn dereinst die Geschichte der Pandemie geschrieben und bewertet wird, wie die einzelnen Länder mit dieser Situation umgingen, dann wird Deutschland sicherlich vergleichsweise gut dastehen. Alles in allem hat Deutschland die Sache richtig angepackt. Auch hier kann sich die Leistungsbilanz Deutschlands sehen lassen.

Mit dem nahenden Ende der Ära Merkel steht Deutschland gleichzeitig vor mehr Prüfungen als jedes andere vergleichbare Land. Warum? Nach Ansicht von Thomas Bagger, Berater von Bundespräsident Frank-Walter Steinmeier, steht und fällt die Identität der Nation, ihre Stabilität und ihr Selbstwertgefühl mit der freiheitlich-demokratischen Grundordnung der Nachkriegszeit, mit der Herrschaft des Rechts.

Auch in schwierigen Zeiten fällt das moderne Deutschland nicht mehr zurück in billige Rhetorik. Im Unterschied zu Russland und Frankreich, wo man gern militärische Symbole beschwört, den USA mit ihrem Gründungsvätermythos und dem Vereinigten Königreich mit seinem kriegerischen «Rule, Britannia!»-Patriotismus hat Deutschland nichts, woran es sich im Notfall klammern kann, und so hält man sich dort mit solcher Leidenschaft an Verfahrensabläufe, will man alles richtig machen, nichts überstürzen und zu locker nehmen. Deutschland findet beim Blick in seine Geschichte nur wenige positive Bezugspunkte. Deshalb verweigert es sich einer historischen Tradition und nimmt jede Herausforderung der Demokratie als existenzielle Bedrohung wahr. Und deshalb bewundere ich wie viele andere, die eine komplizierte Beziehung zu diesem Land haben, so rückhaltlos die Ernsthaftigkeit, mit der es sich seit 1945 seinen Aufgaben widmet. Ein großer Teil der Stärke Deutschlands erwächst aus seinem Erinnerungsvermögen.

Meine Beziehung zu Deutschland reicht über meine familiären Wurzeln bis in die 1930er Jahre zurück. Mein jüdischer Vater Fred floh beim Einmarsch von Hitlers Truppen in die damalige Tschechoslowakei aus seiner Heimatstadt Bratislava. Seine Eltern schlugen sich mit ihm per Eisenbahn und Auto quer durch Deutschland und entkamen ins weitere Ausland. Mehrfach wären sie beinahe gefasst worden, konnten aber mit der Hilfe freundlicher Menschen immer wieder entkommen. Viele Angehörige ihrer weitläufigen Familie wurden in Konzentrationslagern ermordet. Mein Vater baute sich eine Existenz in England auf und lebte auch 15 Jahre in Singapur, wo er im britischen Armeehospital meine Mutter kennenlernte, eine Krankenschwester, die einer christlichen Arbeiterfamilie aus Kent entstammte.

Zu meiner Londoner Kindheit in den 1960er und 1970er Jahren gehörte die übliche Mischung von populären Kriegsliedern, Witzen und Fernsehshows, die allesamt gegen die tumben Krauts, einschließlich ihres «impotenten Führers», gingen. Ich spielte im Luftschutzbunker im Garten meiner Großmutter in Oxford, las später John le Carré und Frederick Forsyth, schaute im Kino *Im Schatten der Zitadelle* und *Mai 1943 – Die Zerstörung der Talsperren* und lachte einige Jahre darauf Tränen über die Folge von *Fawlty Towers*, in der John Cleese beim Empfang von Deutschen in jedem Satz den Weltkrieg erwähnt, trotz der zuvor ausgegebenen Parole «Bloß kein Wort vom Krieg!», und schließlich im Stechschritt umhermarschiert. Gelegentlich wurden solche Klischees auch durchbrochen. *Auf Wiedersehen, Pet*, ein britisches Comedy-Drama über Bauarbeiter aus dem Nordosten Englands, die Arbeit in Westdeutschland suchen, zeigte eine menschlichere und differenziertere Seite der Beziehung zu Deutschland. Insgesamt aber war das Bild von den Deutschen durch die fiesen Witze der Boulevardpresse geprägt, die sich darüber ausließ, wie die Deutschen mit ihren Handtüchern auf den Liegestühlen sämtlicher Strände nun doch noch die Weltherrschaft eroberten.

Ich war zu jung, um Vincent Mulchrons Kommentar in der *Daily Mail* am Morgen des Endspiels der Fußball-WM 1966 zu verstehen: «Westdeutschland wird uns vielleicht heute in unserem Nationalsport besiegen, aber das wäre nur fair. Wir haben sie schließlich zwei Mal in ihrem geschlagen.»[1] Bekanntlich gewann England dank eines zweifelhaften Tors 4:2. Die britischen Fußballfans hatten einen neuen Schlachtgesang: «Two world wars and one World Cup.» Noch 1996, als wir uns nach 30 Jahren demütigender Niederlagen Hoffnung machten, uns endlich mal wieder als Fußballhelden fühlen zu dürfen, als am Ende der Regierungszeit von Tony Blair Cool Britannia heraufzog, konnten wir es uns nicht verkneifen: «Achtung! Surrender!», brüllte der *Mirror* in Riesenlettern auf der Titelseite. «For You Fritz ze Euro 96 Championship is Over.»[2] Nicht wenige rissen solche Witze in bitterem Ernst. «Für viele Engländer geht der Zweite Weltkrieg nie zu Ende: Es macht einfach zu viel Spaß, die Deutschen zu bepöbeln.»[3]

Mit fünfzehn begann ich die Dinge anders zu sehen. Ich lernte Deutsch und verliebte mich in die Sprache. So begegnete ich Goethe, Brecht, Max Frisch und Nina Hagen. Mit Anfang zwanzig ergriff ich eine Gelegenheit beim Schopf und ging als junger Reporter nach Bonn, ins «Bundesdorf». Im April 1986, fast 50 Jahre nachdem er aus Deutschland geflohen war, besuchte mich dort mein Vater. Seit seiner abenteuerlichen Flucht war er nie wieder in diesem Land gewesen. Als wir vor seinem Abflug miteinander telefonierten, spürte ich, wie nervös er war. Dass die Lufthansa bei der Ankunft sein Gepäck nicht fand, machte es sicher nicht einfacher für ihn. Vielleicht haben die Deutschen doch nicht so viel Organisationstalent, witzelte er. Wir fuhren mit dem Auto über die Transitstrecke nach Westberlin. Deutschland machte auf ihn den Eindruck eines entspannten Landes, das ihm, der sein wienerisch gefärbtes, in den 1930ern steckengebliebenes Deutsch rasch wiederfand, mit selbstverständlicher Höflichkeit begegnete.

Abgesehen vom Besuch meines Vaters dachte ich während meiner geruhsamen Zeit in Bonn selten an den Krieg. Die Freunde, die ich in der Redaktion kennenlernte, und die Studenten, denen ich an der Universität begegnete, kamen mir nicht viel anders vor als die jungen Leute zu Hause. Die deutsche Vergangenheit war für mich kein großes Thema. Schwierig war allenfalls die Gegenwart, das zwanghafte Verhältnis der Deutschen zu Regeln. Ich erinnere mich noch gut, wie ich an einem schönen Sonntag einmal auf dem Balkon meiner Wohnung saß und Rockmusik im Radio hörte. Als der Piepton der stündlichen Nachrichtensendung ertönte, schaltete meine deutsche Freundin das Radio aus. Ich bat sie, es wieder anzustellen. Das wollte sie nicht. Ob ich denn nicht wisse, dass jetzt *Mittagsruhe* sei? Ich fiel aus allen Wolken. Für so etwas braucht man doch keine Regeln, sagte ich. Oh doch, die braucht man, erwiderte sie. Ich trumpfte sofort mit dem Klischee der Herdenmentalität auf, wozu die führe, sei ja wohl bekannt. Sie betitelte mich als egoistischen Thatcher-Lackel, dem andere Menschen einfach egal seien. Oft denke ich noch an diesen Streit zurück und frage mich, wer nun eigentlich recht hatte.

Manche Klischees über das Leben in Deutschland erwiesen sich als durchaus zutreffend. Einmal brummte mir ein

Polizist eine Geldstrafe auf, weil ich es als Fußgänger gewagt hatte, die Straße zu überqueren, obwohl das rote Ampelmännchen zu sehen war – und zwar um vier Uhr morgens. Mein Einwand, dass es sicherlich noch Stunden dauern würde, bevor in dieser ruhigen Nebenstraße ein Auto vorbeikäme, stimmte den Polizisten keineswegs milder. Regeln sind Regeln, basta. Der Bürokratie muss gehuldigt werden, Logik hin oder her. Einmal klemmte ein Briefumschlag mit vornehmem Prägedruck unter meinem Scheibenwischer. «Lieber Nachbar», las ich auf dem Papier, «würden Sie bitte Ihr Auto waschen, es ist ein Schandfleck für unsere Straße.» Einige Regeln mögen sich im Lauf der Jahre etwas gelockert haben, dafür sind andere hinzugekommen. Wehe dem Fußgänger, der seine Schritte unbedacht auf einen Radweg lenkt. Und auch mit der Pünktlichkeit kann man es nie übertreiben. Neulich fuhr ich mit einer Freundin am Sonntag zum Lunch in einen Berliner Vorort. Sieben Minuten vor eins erreichten wir unser Ziel. «Geschafft! Dann können wir noch ein bisschen reden», erklärte sie hochzufrieden und verkündete um Punkt eins: «Jetzt können wir klingeln!»

Viele Deutsche nicken verständnisvoll, wenn man damit Probleme hat, und bringen Erklärungen und Entschuldigungen vor. Auf Platz eins: «Jedes Land hat seine Macken.» Auf Platz zwei, etwas lahm: «Wir brauchen die Regeln, um uns selbst zu kontrollieren.» Am interessantesten ist die dritte Erklärung. Eine Grundlage der deutschen Gesellschaft ist die Haltung, dass jeder der Gesamtheit gegenüber Pflichten hat, dass man sich gemeinsam für etwas einsetzt und dass eine Ordnung, die auf Regeln beruht, niemandem schaden kann. Ein in die Jahre gekommener Punk, den ich in Leipzig traf und der einst mit Malcolm

McLaren und den Sex Pistols in London herumgehangen hatte, erklärte mir, die Deutschen fürchteten nichts so sehr wie den sogenannten *rechtsfreien Raum*, der es den Mächtigen ermöglicht, die Machtlosen zu schikanieren. Er wies aus dem Fenster. Man darf seinen Nachbarn nicht durch Anbauten das Licht wegnehmen. Nach einer bestimmten Uhrzeit darf man keinen Lärm mehr machen, weil die alten Leute sonst nicht schlafen können. Und das von einem ehemaligen Punkrocker. Er war unerschütterlich in seiner Überzeugung. In einer demokratischen Gesellschaft, betonte er, habe der Staat die Aufgabe, den Schwachen zu helfen, den Starken in die Parade zu fahren und so für ein Gleichgewicht zwischen den Reichen und Armen zu sorgen.

Der Kampf der Kulturen der letzten Jahre und der durch Trump und den Brexit ausgelöste doppelte Schock sind den Deutschen in die Glieder gefahren, die häufig von Gewalt begleiteten Proteste der Gelbwesten in Frankreich haben ein Übriges getan. Die Deutschen haben die vier Jahre währende Brexit-Agonie mit ungläubigem Staunen verfolgt. Sie konnten es nicht fassen, wie im Mutterland des Parlamentarismus, dem Musterland der Stabilität und Vorhersehbarkeit, ein solches Chaos ausbrechen konnte. Das Ergebnis des Referendums war ein schwerer Schock. Den Deutschen war bewusst, dass die Briten – wie auch manche ihrer eigenen Landsleute – dem Projekt Europa skeptisch gegenüberstanden, aber sie hätten es nicht für möglich gehalten, dass dies zu einem gesamtgesellschaftlichen Nervenzusammenbruch führen würde. «Infantil» und «unprofessionell» waren zwei der häufigsten Attribute, mit denen die britische Politik jener Zeit beschrieben wurde.

Was die Deutschen aber am meisten entsetzte, war die völlige Regellosigkeit. Was sollte nun gelten: ein einmaliges Referendum oder die repräsentative Demokratie? Das fragten mich viele deutsche Bekannte. Das, stammelte ich, sei nicht so einfach zu beantworten. Wie kann man in einem System leben, in dem die wichtigsten Amtsträger ohne Plan von Moment zu Moment entscheiden? Ich konnte nur mit den Schultern zucken, wie man es eben tut, wenn man das Versagen seines eigenen Landes erklären soll, aber im Grunde weiß, dass man keine plausible Erklärung hat. Die Deutschen versuchten ihr blankes Entsetzen gelegentlich mit dem ihnen eigenen Humor zu kontern. Besonders gerne imitierten sie die «Order! Order!»-Rufe von Unterhaussprecher John Bercow. Eine Berlinerin erklärte mir ohne jede Ironie, sie hätte ihr Netflix-Abo gekündigt, die Übertragungen aus dem britischen Parlament böten ihr genug Unterhaltung.

Im Dezember 2018, als Theresa May mit ihren ersten Versuchen, eine Einigung mit der EU zu erreichen, eine Schlappe erlitt, verlieh die *heute show* des ZDF einen ihrer *Goldenen Vollpfosten* an Großbritannien. Weitere gingen an Donald Trump und den saudischen Kronprinzen Mohammed bin Salman. Bilder von Merkel, die peinlich lange vor dem Kanzleramt warten musste, weil offenbar die Tür der Limousine der britischen Premierministerin klemmte, kommentierte Oliver Welke in der *heute show* des ZDF: «May kommt einfach nicht mehr raus, weder aus der EU noch aus ihrem blöden Auto!» Der Moderator fuhr fort: «Man möchte den Briten einfach nur noch zurufen: Geht einfach! Ehrlich! Geht einfach! Oder? Harter Brexit, weicher Brexit, flüssiger Brexit, es ist mir völlig egal!» Und illustriert durch die Karikatur eines Engländers mit Bowler Hat, kommentierte er: «Man muss ja mal lernen aus seinen Fehlern! Das ist ja, als ob England einmal auf die heiße Herdplatte fasst, dann noch mal, und dann noch anfängt, sich zusätzlich 'ne Gabel ins Auge zu stechen!» Es tat weh, so etwas zu sehen. England, Zielscheibe des Spotts der Welt! Dabei hatte Brandenburgs Ministerpräsident Dietmar Woidke es in der *Rheinischen Post* doch ganz richtig auf den Punkt gebracht: «Der Brexit ist kein Spiel, sondern bitterer Ernst.»[4]

Der Wahlsieg Johnsons im Dezember 2019 vertiefte die Kluft zwischen den beiden Ländern. Sicher mag es Deutschland erleichtert haben, dass nun Klarheit über den Brexit herrschte, dafür hatte es jetzt das Beispiel eines gefährlichen Populismus direkt vor seiner Haustür. Wo waren die Vernunft und der Pragmatismus geblieben, die Markenzeichen der Briten, fragten sie sich. Wie konnten sie jemanden zum Premierminister wählen, von dem bekannt war, dass er als Journalist in Brüssel Geschichten über die EU erfunden hatte, der am liebsten den Clown spielte und sich nun plötzlich seriös geben musste, weil er eine Pandemie zu managen hatte? Für viele Deutsche ist Johnson die Verkörperung all dessen, was ein Politiker nicht sein sollte.

Die meisten Deutschen, mit denen ich zu tun hatte, fanden die Nöte Großbritanniens traurig und bedauerlich, ja geradezu mitleiderregend. Viele Gespräche begannen mit der Frage: «Was ist nur los bei euch auf der Insel, mein Freund?» Ja, was war denn eigentlich los? Der Brexit ist jedenfalls nicht die Ursache von Großbritanniens Psychokrise. Er ist ein Symptom. Wir stecken in einem maroden politischen System fest und leiden an Größenwahn. Als der ehemalige amerikanische Außenminister Dean Acheson

Anfang der 1960er Jahre bemerkte, Großbritannien hätte nach dem Verlust seines Empire noch keine neue Rolle gefunden, rechnete er sicherlich nicht damit, dass wir auch sechs Jahrzehnte später nicht weitergekommen wären. Im Grunde verharrt England noch immer in dem Moment, als es den Krieg gewann. Wir strömen in die Kinos, um uns Filme wie *Dunkirk* und *Die dunkelste Stunde* anzuschauen; unsere kulturellen und historischen Bezugsgrößen sind auch heute noch Ereignisse, die vor 75 Jahren stattfanden. Seit Jahrzehnten stellen weite Teile unserer Medien die europäische Integration als Verschwörung der Deutschen und Franzosen dar, denen es darum gehe, englische Werte zu untergraben. Das beschreiben sie gern mit Vokabeln wie Sieg und Kapitulation, Kollaborateure und Verräter.

Direkt nach dem Krieg konnte England weder ökonomisch noch militärisch mit den USA mithalten. Es war nicht Großbritannien, das den Marshallplan auf den Weg brachte. Doch die britische Rheinarmee hatte großen Anteil daran, die Freiheit Berlins zu sichern. Großbritannien half dem besiegten Land beim Aufbau freier Medien und solider politischer Institutionen, wofür viele Deutsche bis heute dankbar sind.

England ist nie richtig mit der Europäischen Union warm geworden. Während des ersten Referendums im Juni 1975 verglichen die Gegner eines Verbleibs in der damaligen Europäischen Wirtschaftsgemeinschaft den Beitrittsvertrag mit Chamberlains Münchner Abkommen. Als Helmut Schmidt sich 1974 auf eine Rede vor dem Parteitag der Labour Party vorbereitete, fragte er sein Kabinett, mit welchen Argumenten er die britischen Wähler bewegen könne, in der EWG zu bleiben. Katharina Focke, Ministerin für Jugend, Familie und Gesundheit, die gerade von einem Treffen mit ihrer britischen Amtskollegin Barbara Castle zurückgekommen war, schrieb an Schmidt: «Der einzige Weg, um Großbritannien in der Europäischen Gemeinschaft zu halten, wäre, es nicht daran zu erinnern, daß es sich in ihr befindet.»[5]

Das Memo mit diesem Zitat war 2019 in der Ausstellung *Very British. Ein deutscher Blick* zu sehen, die im Haus der Geschichte in Bonn gezeigt wurde. Wie mir Pressesprecher Peter Hoffmann sagte, war dies eine der meistbesuchten Ausstellungen des Museums. Ursprünglich vor dem Referendum konzipiert, wurde sie später um einen eigens dem Brexit gewidmeten Saal erweitert. Hoffmann räumte ein, dass das starke Interesse der Deutschen an den Nöten der Briten die Zahl der Besucher in die Höhe getrieben hatte. Die Ausstellung war unterhaltsam, informativ und schmerzlich zugleich. Im Grunde handelte sie von einer unerwiderten Liebe.

Die Deutschen waren leidenschaftliche Konsumenten britischer Subkultur, Popmusik und Fernsehserien (sie waren immerhin selbstironisch genug, um auch *Fawlty Towers* lustig zu finden), sie begeisterten sich für die bezaubernde Emma Peel aus *Mit Schirm, Charme und Melone* und sind auch heute noch für alles Britische zu haben. Viele Deutsche schwärmen von ihren Wohnmobilferien in Cornwall, Schottland und dem Lake District. Sie kleben am Fernseher, wenn die Premier League spielt. Sie verfolgen das Leben der Royal Family (und weisen gerne darauf hin, dass zu deren Vorfahren auch Deutsche aus dem Haus Hannover zählen). Sie lieben britische Traditionen so sehr, dass sie sogar welche erfinden. Jahr für Jahr schaut man in Deutschland an Silvester *Dinner for One*. Seit der Erstausstrahlung im Jahr 1963 ist diese deutsche Produktion zur Sendung mit den meisten Wiederholungen der Fernsehgeschichte geworden. Die Deutschen kennen jede Zeile auswendig. Kein Brite hat je davon gehört.

Der Fall der Berliner Mauer hätte eine sehr gute Gelegenheit geboten, Großbritanniens Rolle bei der Wiedergeburt des demokratischen Deutschlands herauszustreichen. Auf beeindruckende Weise wurde ein repressives sozialistisches System gestürzt. Margaret Thatcher spielte dabei zusammen mit Ronald Reagan und Michail Gorbatschow eine wichtige Rolle. Doch die britische Premierministerin witterte nur Gefahren. Einen Monat nach den turbulenten Szenen in Berlin äußerte sie vor Amtskollegen der EU bei einem Dinner in Straßburg: «Zweimal haben wir die Deutschen geschlagen. Und nun sind sie wieder da.» Sie zog Karten von Schlesien, Pommern und Ostpreußen aus ihrer Handtasche und erklärte dem französischen Präsidenten François Mitterrand: «Das werden die sich alles nehmen, und die Tschechoslowakei dazu.»[6]

Nicholas Ridley, getreues Kabinettsmitglied von Margaret Thatcher, äußerte gegenüber der Zeitschrift *Spectator*, der europäische Wechselkursmechanismus sei «durch und durch eine deutsche Schwindelei, darauf angelegt, ganz Europa zu übernehmen. Ich bin nicht grundsätzlich gegen die Preisgabe von Souveränität, aber nicht an diesen Haufen. Da könnte man sie genauso gut auch gleich an Adolf Hitler abtreten.»[7] Zwar musste er anschließend zurücktreten, aber er hatte im Grunde nur das ausgedrückt, was viele Briten, oder zumindest die Briten eines bestimmten Schlags, dachten. Thatcher betrachtete es als ihre Pflicht, Widerstand zu leisten, bis sie merkte, dass sie damit allein stand.

Schließlich versuchte sie, über private Kanäle Gorbatschow zu gewinnen. Der Sowjetführer hatte nicht einen Moment in Erwägung gezogen, dass seine Reformen zum Zusammenbruch des Kommunismus im gesamten Ostblock führen könnten. Obwohl er doch die entscheidende Rolle in all diesen Fragen spielte, stimmte er nicht nur der Wiedervereinigung Deutschlands zu, sondern fand sich auch mit der Westorientierung Deutschlands und seiner Mitgliedschaft in der NATO ab, was letztlich dazu führte, dass die Sowjetunion ihre militärische Frontlinie zurückverlegte. Thatchers Bitten stießen bei ihm auf taube Ohren. Allerdings hatte auch Mitterrand Vorbehalte gegenüber dem neuen deutschen Projekt.

Die Franzosen hatten ihre eigenen historischen Gründe, ein gestärktes und vereinigtes Deutschland zu fürchten. Das geschwächte und geteilte Deutschland war ihnen bislang sehr recht gewesen, wie es der französische Widerstandskämpfer und Schriftsteller François Mauriac in seinem Bonmot fasste: «Ich liebe Deutschland. Ich liebe es so sehr, es freut mich, dass es gleich zwei davon gibt.»[8] Doch Mitterrand wusste, dass er sich der Geschichte nicht in den Weg stellen konnte. Allerdings muss man Thatcher zugutehalten, dass sie nur drei Jahre später in ihren Memoiren zugab, sich geirrt zu haben: «Der einzige Fall, in dem ich mit meiner Linie zu einem außenpolitischen Thema unzweifelhaft gescheitert bin, war die deutsche Wiedervereinigung.»[9]

Die Jahrtausendwende und die Zeit danach, als Tony Blair und Gerhard Schröder über das «gemeinsame Haus Europa» sprachen, blieben ein kurzes Zwischenspiel. Der Brexit beendete all dies mit einem Paukenschlag.

Selbst heute scheint England nicht zu wissen, was es

eigentlich von Deutschland will. Hat Deutschland wirtschaftliche Schwierigkeiten, wie das Mitte der 1980er und Mitte der 1990er der Fall war, dann wird es als «der kranke Mann Europas», als überreguliert und engstirnig verspottet. Feiert die Deutschland AG auf den globalen Märkten Triumphe, heißt es hingegen, die Deutschen seien unersättlich und raffgierig. Den Briten gefällt es nicht, wenn die Deutschen ihr Gewicht in der Welt geltend machen, auch wenn sie dafür sind, dass die Deutschen ihren Beitrag leisten.

Glücklicherweise gibt es auch andere Erfahrungen. Direkte Kontakte im Wirtschaftsleben, in den Technologieunternehmen und im Kunstbetrieb haben Deutschland für die jüngere Generation der Briten entmystifiziert. Deutschlands Hauptstadt, oft als «arm, aber sexy» beschrieben, wurde zum Touristenmagnet. Junge Briten kommen an den Wochenenden nach Berlin, Hamburg und Leipzig, um dort die Clubs zu besuchen. In Europa leben nur in Spanien, Frankreich und Irland mehr Briten als in Deutschland. Laut einer Studie der Organisation Oxford in Berlin und dem Wissenschaftszentrum Berlin für Sozialforschung stieg in den drei Jahren seit dem Referendum die Zahl der Briten, die die deutsche Staatsbürgerschaft beantragten, um das Zehnfache an. Für die kommenden Jahre erwartet man weitere Steigerungen. Viele junge Briten verknüpfen Deutschland heute mit Hoffnungen und Chancen.

In den letzten beiden Jahrzehnten haben die Deutschen ihre Zurückhaltung, auch einmal etwas Gutes über ihr Land zu sagen, ein wenig gelockert. Manche erklären das mit der erfolgreichen Gastgeberrolle bei der Fußball-WM des Jahres 2006. Andere sehen keinen klaren Wendepunkt, sondern eher eine allmähliche Entwicklung. Trotzdem wirken die Deutschen dabei immer noch verhalten. Den 70. Jahrestag des Grundgesetzes begingen sie 2019 in aller Stille mit Ausstellungen, Dokumentarsendungen im Fernsehen und Informationstafeln in den Innenstädten.

Etwa um diese Zeit führte die Open Society Foundation eine detaillierte Umfrage zum Thema Patriotismus durch, ein heißes Eisen in Deutschland. Immerhin gibt es eine Form des Patriotismus, der sich inzwischen auch die Deutschen rückhaltlos hingeben, den sogenannten Verfassungspatriotismus. Der Stolz, mit dem sie auf ihr Land blicken, hat nichts mit unserem flaggenschwenkenden Insel-Ego zu tun. Die Deutschen sind bestrebt, der Welt durch klare demokratische Regeln ein gutes Beispiel zu geben.

Weil ich neugierig war und mehr darüber herausfinden wollte, machte ich im Sommer 2019 im Berliner Stadtteil Prenzlauer Berg eine Videoumfrage für Cari und Januscz, zwei Freunde, die eine besondere Sprachschule namens Easy German betreiben. Die von uns vorbereitete Frage an die Passanten lautete: «Worin sind die Deutschen besonders gut?» Die meisten Angesprochenen bekamen einen Schreck und begannen krampfhaft nachzudenken. Die häufigsten Antworten – teils im Ernst, teils mit einer Spur Ironie – lauteten: Pünktlichkeit, Korrektheit, Gründlichkeit. Eine Person verstieg sich zu der Bemerkung: «Wir sind streng, aber gerecht und direkt. Wir stehen zu unserem Wort.» Viele beendeten ihre Aufzählung mit «Brot» oder «Bier».

Aber was machen die Deutschen wirklich besser, was können andere von ihnen lernen, was haben sie selbst gelernt? Mit diesen Fragen hoffe ich eine neue Debatte über dieses Land anzustoßen. Dabei geht es mir keineswegs darum, irgendeine Überlegenheit Deutschlands herauszustreichen, sondern lediglich um eine ausgewogenere Bewertung seiner jüngeren Geschichte. Man schaue sich nur mal in einem Buchladen in einem beliebigen Land der Welt um, es ist dort kaum ein Titel über Deutschland zu finden, der nicht einen der beiden Weltkriege zum Thema hat. Zwar sind in den letzten Jahren auch einige vorzügliche Bücher zu anderen Themen erschienen, aber sie sind doch dünn gesät.

Bleibt die Frage, warum ich dieses Buch gerade jetzt schreibe. Wie so viele Briten, die an ihrem Land verzweifeln, suche auch ich anderswo nach Antworten, nach Beispielen von mehr politischer Reife. Und was läge da näher, als sich nach Deutschland zu wenden? Der Streifzug, der mich ein Jahr lang durch Deutschland führte, machte mich nicht nachsichtig oder blind gegenüber seinen Fehlern. Sie werden hier alle angesprochen. Die Deutschen, die ich für dieses Buch interviewte, die prominenten Politiker und CEOs internationaler Unternehmen, die Künstler, die Freiwilligen, die sich für Flüchtlinge engagieren, die alten Freunde und die Leute auf der Straße, die Zufallsbekanntschaften, sie alle – wirklich alle, ohne jede Ausnahme – runzelten die Stirn über die Idee und den Titel dieses Buchs. «Das kann man so nicht sagen!», protestierten sie, mal mit einem kleinen Entsetzensschrei, mal mit einem verlegenen Lachen. Und dann ergingen sie sich in einer Litanei über die Probleme Deutschlands und das, was ihrer Ansicht nach alles falsch läuft.

Die Deutschen sehen Grund zur Sorge, wohin sie auch blicken. Alles, was ihnen lieb und teuer ist, scheint bedroht. Viele alte Gewissheiten, bezogen aufs eigene Land oder aufs Ausland, sind verloren gegangen. Die Vereinigten Staaten, einst Vorbild und Beschützer, versanken im Chaos. Die Präsidentschaftswahlen 2020 erschütterten die dortige

Demokratie bis ins Mark. Allgemein scheint die Demokratie bereits tiefgreifend geschwächt, werden doch derzeit das internationale Recht und die einfachsten Verhaltensregeln von Populisten und starken Männern offen verspottet – von Donald Trump und Wladimir Putin über Recep Tayyip Erdoğan bis zu Jair Bolsonaro. Im Land selbst sehen sich die Deutschen überall und ständig mit der AfD und den Schwierigkeiten konfrontiert, die Politiker der Mitte mit ihr haben. Und wie wir alle haben natürlich auch die Deutschen die Klimakatastrophe vor Augen.

Welche Zeit wäre da besser geeignet, um die Resilienz des deutschen Staats auszutesten? Und wie die Menschen anderer Länder auch sehen die meisten Deutschen düstere Zeiten heraufziehen. Doch trotz all der Probleme, die vor uns liegen, möchte ich hier leidenschaftlich widersprechen. Was mir Hoffnung macht, ist die Fähigkeit der Deutschen, sich selbst in Frage zu stellen, ihre fast schon morbide Art, immer wieder aufs Neue die Erinnerung aufleben zu lassen. Sie bringen es nicht über sich, ein Loblied auf ihr Land zu singen. Ihre Weigerung, das Gute zu sehen, liegt in ihrer Natur. Und doch haben sie so vieles, auf das sie stolz sein können, verglichen mit den Alternativen, die sich in Europa und anderswo bieten. Anfang 2019 schrieb der amerikanische Journalist George Will in einem Kommentar in der *Washington Post*: «Das heutige Deutschland ist das beste Deutschland, das die Welt bisher gesehen hat.»[10]

Länder, die zur Überheblichkeit neigen wie etwa mein Heimatland, könnten sich ein Scheibchen von Deutschland abschneiden. Aber meine Ansichten sind wohl auch eine Herausforderung für die Deutschen.

2021, das Jahr der Bundestagswahl, begann überall auf

der Welt mit einem Paukenschlag. Das Coronavirus war nicht eingedämmt, sondern breitete sich aus; die Demokratie erlebte einen noch nie dagewesenen Angriff, als ein von Donald Trump aufgewiegelter Mob zum Sturm auf das US-Kapitol in Washington zog. Und das lange Drama des Brexit mochte zwar zu einem Ende gekommen sein, doch in Europa, das eine Unzahl von Herausforderungen zu bewältigen hat, herrschte Uneinigkeit.

Ob es den Deutschen gefällt oder nicht, die Welt erwartet von ihnen, dass sie in kommenden Krisen eine Führungsrolle einnehmen – sei es in der Klimakatastrophe, die bereits eingesetzt hat, oder bei künftigen Pandemien, Finanzkrisen, bei weiterem Aufkommen autoritärer Systeme und verstärkter Verletzung der Menschenrechte.

Wer immer Merkel nachfolgt, steht vor der Aufgabe, weniger Bescheidenheit walten zu lassen und die deutschen politischen Werte energischer zu vertreten. Allein kann Deutschland das nicht schaffen, aber ohne Deutschland schafft es niemand. Viele Deutsche kuscheln sich auch weiterhin in die Schmusedecke aus USA, NATO und EU, die sie beschützen und vertreten sollen. Aber damit ist es vorbei. Wir leben heute in einer kälteren, in einer dunkleren Welt. Wer die Führung übernimmt, betritt zwangsläufig eine Grauzone, in der schwierige Entscheidungen zu treffen sind und in der man sich gelegentlich unbeliebt macht. Es könnte auch schmutzig werden. Wer führen will, muss Risiken eingehen. Und risikofreie Lösungen gibt es nicht.

Deutschland sollte stets seine Geschichte vor Augen haben; diese Geschichte fordert eine ständige Wiedergutmachung. Aber das darf nicht dazu führen, dass das Land in Untätigkeit verharrt.

KAPITEL 1

# Wiederaufbau und Erinnerung

## Wie sich Deutschland bis heute an seiner Vergangenheit abarbeitet

Weimar ist die Stadt von Goethe und Schiller, von Bach, Liszt und dem Renaissancemaler Cranach dem Älteren. In Weimar verliebte sich die Schriftstellerin und einflussreiche Salondame Madame de Staël in die deutsche Kultur, dort gründete Walter Gropius das Bauhaus als völlig neuartige Kunstschule.

Direkt vor meinem Hotel befindet sich eine Haltestelle der Buslinie 6, die vom Goetheplatz zum nahe gelegenen Konzentrationslager Buchenwald fährt. In Deutschland liegen die Schrecken der Geschichte immer gleich um die Ecke. In München braucht man nur 30 Minuten, um von der Endstation einer S-Bahn-Linie nach Dachau zu gelangen. Und in Berlin muss man zwar einige Male umsteigen, um mit öffentlichen Verkehrsmitteln in den Norden der Stadt nach Sachsenhausen zu kommen, aber in gut einer Stunde schafft man es auch hier.

Ein halbes Jahrhundert übt sich Deutschland nun schon in umfassender, alle Lebensbereiche beherrschender Wiedergutmachung. Die große moralische Wachsamkeit der Deutschen beeinflusst noch immer viel von dem, was sie tun.

Der Historiker Fritz Stern meinte, die Deutschen hätten den Wunsch gehabt, an Hitler zu glauben, und er war überzeugt, dass sie sich dem Nationalsozialismus aus freien Stücken anschlossen.[1] In seiner langen Wissenschaftskarriere beschäftigte sich Stern intensiv mit der Frage: «Warum und wie brach das menschliche Potenzial für das Böse so ausgeprägt in Deutschland aus?»[2] Auch der britische Historiker Alan J.P. Taylor hielt noch in den letzten Kriegsmonaten fest: «Die Geschichte der Deutschen ist eine Geschichte der Extreme. Sie umfasst alles, nur nicht die Mäßigung – im Verlauf von 1000 Jahren haben die Deutschen alles erfahren, nur keine Normalität.»[3]

Aus der Notwendigkeit der Erinnerung heraus etablierte sich allmählich ein ganz eigenes Vokabular: *Vergangenheitsbewältigung, Vergangenheitsaufarbeitung, Erinnerungskultur* und der äußerst umstrittene Begriff *Kollektivschuld.*

Dieses Begriffsinstrumentarium prägt den Blick auf die deutsche Geschichte, sogar jener vor dem 20. Jahrhundert. Im Unterschied zu Frankreich, England und anderen Ländern kennt das heutige Deutschland keine großen Nationalfeiertage, sieht man einmal vom 3. Oktober, dem noch jungen Tag der Deutschen Einheit, als eher zaghaftem Versuch dazu ab. Paraden gibt es allenfalls in folkloristischer Form oder bei kulturellen Veranstaltungen. Nirgends sieht man Prunk und Protz – was vielleicht die Leidenschaft insbesondere älterer Deutscher für die Königshäuser und Berühmtheiten anderer Länder erklärt.

Welches Land würde seiner eigenen Schande ein Denkmal setzen – und das auch noch direkt neben zweien seiner berühmtesten Wahrzeichen? Das Denkmal für die ermordeten Juden Europas ganz in der Nähe des Brandenburger Tors und des Reichstags lässt niemanden unberührt. Es ist das bekannteste Mahnmal für den Holocaust im heutigen Deutschland und auf dem Territorium des ehemaligen Dritten Reichs, aber es ist nur eines von vielen.

Im Jahr 1992 machte der Künstler Gunter Demnig mit einer Idee von sich reden. Heute, fast drei Jahrzehnte später, findet man mehr als 70 000 *Stolpersteine* in 120 Städten und Orten von insgesamt über 24 Ländern in ganz Europa.

Solche Gesten der Erinnerung fielen den Deutschen nicht leicht, und sie waren auch nicht von Anbeginn Teil der Auseinandersetzung mit der eigenen Geschichte. Die Bevölkerung Deutschlands brauchte nach dem Krieg fast zwei Jahrzehnte, um sich der ungebrochenen Wahrheit des Holocaust und anderer Gräuel zu stellen. Nach 1945 war ihre Stimmung von Schock und Demütigung geprägt. Die Strategie der Alliierten, die Moral der Bevölkerung durch Feuerstürme in ihren Städten zu brechen, hatte das Ende des Kriegs sicher beschleunigt. Sie lieferte den Deutschen im Ergebnis aber auch das Gefühl, ihrerseits Opfer zu sein, auch wenn sie das nicht laut aussprachen; es waren nicht wenige, die keinen moralischen Unterschied sehen wollten zwischen den Verbrechen der Nazis und dem schonungslosen Vorgehen der Alliierten.

Der Wiederaufbau war anfangs eine ganz konkrete Angelegenheit. Das Bild der *Trümmerfrauen* hat sich der deutschen Psyche stark eingeprägt. Viele Männer kehrten als Versehrte aus dem Krieg zurück, nicht wenige blieben vorerst in Gefangenschaft. Mehr als sechs Millionen Menschen waren ums Leben gekommen oder wurden vermisst, fast

10 Prozent der deutschen Bevölkerung, und mehr als die Hälfte des städtischen Wohnraums lag in Trümmern. Das Verkehrs- und Transportsystem war durch Bombenangriffe systematisch zerstört, ein Großteil der Versorgungsbereiche zusammengebrochen.

George Orwell beschrieb im März 1945 seine Eindrücke in Köln: «Die Herrenmenschen sind überall, sie kurven auf ihren Fahrrädern durch die Trümmerhaufen oder eilen mit Krügen und Eimern zu den Wasserwagen.»[4] Man spürt seine beißende Wut, die für jene Zeit nicht untypisch war. Neil MacGregor stach ein anderes allgegenwärtiges Detail ins Auge: «Der Handwagen ist ein starkes und konkretes Sinnbild des Leids.»[5] Und dieses Land musste nun über zwölf Millionen weitere Menschen ernähren, die vor den anrückenden Russen aus dem Osten geflohen waren. Es handelte sich um die vermutlich größte Flüchtlingswelle in der Geschichte.

Noch heute gibt es in Deutschland kaum eine Familie ohne einen persönlichen Bezug zu Menschen, die nach dem Zusammenbruch schwere Zeiten durchmachten. Dies ist ein lange verdrängter und viel zu wenig erforschter Aspekt der deutschen Geschichte. Ob es daran liegt, fragt sich MacGregor, dass «die Deutschen diese Ereignisse als gerechte Vergeltung für das Böse betrachten, das sie anderen antaten? Wenn ein Staat so viel Schlimmes angerichtet hat, wie reagieren wir dann auf das Leid seiner Bürger, das sich daraus ergibt? Wenn wir ihnen eine Kollektivschuld anrechnen, haben Einzelne dann überhaupt ein Anrecht auf Mitgefühl?»[6]

In dem 2008 erschienenen Buch *Kalte Heimat: Die Geschichte der deutschen Vertriebenen nach 1945* untersucht der Historiker Andreas Kossert den Umgang mit diesen unglücklichen Menschen aus dem Osten. Sie wurden von ihren Landsleuten keineswegs mit offenen Armen empfangen – ein bis heute heikles Thema in Deutschland. Selbst 70 Jahre nach Kriegsende, meint Kossert, wirke es noch in fast jeder Familie in Deutschland nach. Doch es setzte sich erst allmählich im öffentlichen Bewusstsein Deutschlands durch, da dieses Thema bis in die jüngste Zeit von rechtsextremen Revisionisten besetzt gewesen sei. In vielen Familien würde bis heute nicht über die Verluste und die Trauer von Eltern und Großeltern gesprochen.[7]

Die Besatzungsmächte hatten beschlossen, Deutschland durch Entnazifizierung, Entmilitarisierung und Wiederaufbau einen Neustart zu ermöglichen. Die meisten Deutschen dieser Zeit sahen sich entweder als Opfer oder als ahnungslose Mitläufer. Eine wirklich ernsthafte Debatte über die Beteiligung und Mitschuld an den Verbrechen sollte erst zwei Jahrzehnte nach dem Ende der NS-Herrschaft einsetzen. Bis dahin galt, was die Kriegsberichterstatterin Martha Gellhorn während einer Fahrt durch das besiegte Land in einer ironischen Reportage feststellte: «Niemand ist Nazi. Niemand ist je einer gewesen. Es hat vielleicht ein paar Nazis im nächsten Dorf gegeben ... Oh, die Juden? Tja, es gab eigentlich in dieser Gegend nicht viele Juden. Zwei vielleicht, vielleicht auch sechs. Sie wurden weggebracht. Ich habe sechs Wochen lang einen Juden versteckt.» Sie fügte hinzu: «Man müsste es vertonen. Dann könnten die Deutschen diesen Refrain singen, und er wäre noch besser.»[8]

Die Alliierten setzten in dieser Situation auf Pragmatismus. Sie gaben den Deutschen Wirtschaftshilfe und konzentrierten sich ansonsten mehr auf die Gefahren des Kommunismus als auf die Verbrechen des Faschismus. US-Präsident Harry Truman kam zu dem Schluss, dass Europa ohne eine massive Finanzspritze nicht wieder auf die Beine kommen könne. Sein Außenminister George Marshall formulierte es so: «Es ist logisch, dass die Vereinigten Staaten alles in ihrer Macht Stehende tun sollten, um zur Rückkehr der normalen wirtschaftlichen Gesundheit in die Welt beizutragen, ohne die es keine politische Stabilität und keinen gesicherten Frieden geben kann.»[9] Das Europäische Wiederaufbauprogramm, auch als Marshallplan bekannt, griff 18 europäischen Ländern mit mehr als zwölf Milliarden Dollar unter die Arme, einer Summe, die heute mehr als 100 Milliarden Dollar entspräche. Den Löwenanteil erhielten das Vereinigte Königreich und Frankreich, gefolgt von Italien und Deutschland.

Viele Nazis aus der mittleren und sogar der höheren Führungsriege wurden wieder auf ihrem früheren Posten eingesetzt. Ein sogenannter US-Unbedenklichkeitsschein, im Volksmund *Persilschein* genannt, war unschwer zu bekommen – man brauchte sozusagen nur etwas historisches Waschpulver, um den Verdacht, den Nazis nahegestanden zu haben, wegzuwaschen. Es hieß, dass so mancher, der im braunen Hemd zur Entnazifizierung erschien, mit weißer Weste wieder herausspazierte. 1951 verabschiedete der Bundestag Artikel 131, der diesen Prozess formalisierte. Er ermöglichte es Beamten und Politikern, Richtern, Offizieren, Lehrern und Ärzten umstandslos ihren Beruf weiter auszuüben, wenn sie den Prozess der Entnazifizierung überstanden hatten. Auch ihre Rentenansprüche blieben erhalten. Nicht wenige Wirtschaftsführer, die mit dem nationalsozialistischen Regime zusammengearbeitet hatten, konnten ihre alten Spitzenpositionen in Unternehmen wieder einnehmen.

Nur 24 Hauptkriegsverbrechern wurde in Nürnberg der Prozess gemacht. Zwölf von ihnen wurden zum Tode verurteilt, die Hinrichtungen fanden am 16. Oktober 1946 statt. Dies besiegelte offiziell die Schuld Deutschlands, vermittelte aber zugleich die Botschaft, dass das Kapitel des Kriegs nun abgeschlossen sei.

Die Regierungen im Nachkriegsdeutschland konzentrierten sich ganz auf den wirtschaftlichen Aufbau. Theodor Heuss, der erste Bundespräsident, erklärte, die einzige Chance der Deutschen sei nun Arbeit. Der Philosoph Hermann Lübbe stellte die Frage, ob der Wiederaufbau nicht nur unter der Voraussetzung eines «kommunikativen Beschweigens»[10] möglich gewesen sei, während der israelische Historiker Saul Friedländer von einem ständigen «Auf und Ab zwischen Erinnerung und Vergessen»[11] sprach.

Noch in den 1960er Jahren wurde an den deutschen Universitäten kaum zu Kriegsverbrechen geforscht. Die erste umfassende Studie über den Völkermord der Nazis mit dem Titel *Die Vernichtung der europäischen Juden* stammte von dem österreichisch-jüdischen Historiker Raul Hilberg. Er schloss das Buch bereits 1954 ab, aber es sollte bis 1961 dauern, ehe er es bei einem kleinen Verlag in Chicago unterbringen konnte.

In Deutschland war die Scheu vor einer Publikation offenbar noch größer. Erst 1982 erschien der Text in dem kleinen Berliner Verlag Olle & Wolter auf Deutsch. Dies brachte Hilberg dann auch in Deutschland die akademische Anerkennung.

Der Prozess gegen Adolf Eichmann war eines der ersten

weltweit im Fernsehen verfolgten Ereignisse. Zuschauer in aller Welt saßen vor den Bildschirmen und verfolgten die Zeitungsberichte. Eichmann leugnete weder den Holocaust noch seine Rolle bei dessen Organisation. Er versuchte es mit der altbekannten Verteidigungsstrategie, sich hinter dem *Führerprinzip* zu verschanzen – er hätte, wie andere auch, nur Befehle befolgt, die von oben durch die Militärstruktur an ihn weitergereicht worden seien. Er wurde in allen Punkten schuldig gesprochen und am 1. Juni 1962 gehängt.

Sehr kontrovers wurde die Darstellung dieser Ereignisse durch Hannah Arendt aufgenommen. Die Zeitschrift *New Yorker* hatte die bekannte Publizistin mit der Berichterstattung über den Prozess in Jerusalem betraut. In ihrem 1963 erschienenen Buch *Eichmann in Jerusalem* schrieb sie: «Das Beunruhigende an der Person Eichmanns war doch gerade, daß er war wie viele, und daß diese vielen weder pervers noch sadistisch, sondern schrecklich und erschreckend normal waren und sind.»[12] Eichmann, so Arendt, habe nur an sein Weiterkommen gedacht und aus seiner kognitiven Distanz zu den Opfern heraus nicht realisiert, was er mit seinem Handeln anrichtete. «Die Banalität des Bösen» wurde von da an heftig diskutiert. Hannah Arendt war dem Vorwurf ausgesetzt, eine eigentlich eindeutige moralische Entscheidung zu «psychologisieren».

Die 1960er Jahre waren im Westen von Musik, sexueller Befreiung und neuen, teils radikalen politischen Ideen geprägt. Charakteristisch für die Zeit waren eine fast weltweit verbreitete kritische Einstellung gegenüber den USA und die Ablehnung des Vietnamkriegs. Auch in Deutschland kam es zu politischen Protesten, die aber immer auch eine persönliche Komponente hatten. Sie entsprangen dem Zorn auf ein Establishment, das sich in den Augen vieler junger Menschen nicht der Vergangenheit stellte, geschweige denn Wiedergutmachung betrieb. Wohin man auch sah, überall wurden hohe Ämter von Personen bekleidet, die sich schuldig gemacht hatten.

Der Einfluss der Achtundsechziger ist bis heute stark, das gilt ganz besonders für Deutschland. Urplötzlich meldete sich eine Generation zu Wort, die Fragen stellte und sich widersetzte. Das Aufbegehren der Jugend hatte neben einer positiven, gewaltfreien auch eine radikalere Seite, die sich in den 1970er Jahren unter anderem mit dem Terror der Roten Armee Fraktion Bahn brach. Was diese beiden Seiten verband, war ihr Blick auf die deutsche Gesellschaft, wohingegen sich die Schlüsse, die sie daraus zogen, deutlich unterschieden.

Fragt man Leute aus dieser Generation, die heute in ihren Siebzigern sind, welche öffentlichen Ereignisse ihr Verständnis der NS-Zeit nachhaltig beeinflusst haben, führen sie gewöhnlich drei Punkte an. Das Erste ist Willy Brandts Kniefall vor dem Mahnmal für den Aufstand im Warschauer Ghetto. Dieses eindrückliche Schuldbekenntnis des damaligen Bundeskanzlers spaltete im Dezember 1970 die öffentliche Meinung. Die Konservativen waren empört. Brandt betonte, es sei eine spontane Entscheidung gewesen, er habe ursprünglich bloß einen Kranz niederlegen wollen, empfand diese Art der Trauerbekundung aber nicht angemessen. «Am Abgrund der deutschen Geschichte und unter der Last der Millionen Ermordeten tat ich, was Menschen tun, wenn die Sprache versagt.»[13] Fünfzig Jahre später wurde diese Geste mit einer Sonderprägung der Zwei-Euro-Münze gewürdigt.

Das zweite Ereignis war der Fernseh-Vierteiler *Holocaust*, an dem unter anderem Meryl Streep als Darstellerin mitwirkte und der 1978 in den Vereinigten Staaten vom Sender NBC ausgestrahlt wurde. Damit drang die Shoa in die Wohnzimmer eines Millionenpublikums auf der ganzen Welt. Im Januar 1979 wurde die Serie in einer Synchronfassung vom WDR gesendet, obwohl sich Kräfte von Rechtsaußen bemühten, dies zu verhindern. Sie sprengten sogar zwei Sendemasten. Fast die Hälfte aller Haushalte in Deutschland, die ein Fernsehgerät besaßen, schaltete die vier Folgen ein; letztlich erreichten sie über 20 Millionen Zuschauer. Trotz der teils kitschigen und manchmal auch etwas weichgespülten Darstellung war die Serie ein Meilenstein der Fernseh- und Gesellschaftsgeschichte. Mit außerordentlicher Wirksamkeit trug sie die Schuldfrage über die Naziführung hinaus in die Familien. Sie dokumentierte die Planung der «Endlösung der Judenfrage» auf der Wannsee-Konferenz bis ins Detail und zeigte die Deportationen und die Vernichtung in den Lagern. Fernsehzuschauer riefen zu Zigtausenden beim WDR an, um auszudrücken, wie betroffen sie waren und wie sehr sie sich schämten.

Das dritte Ereignis war ein staatsmännischer Akt. In einer Gedenkstunde des Parlaments am 8. Mai 1985 zum 40. Jahrestag der Beendigung des Kriegs in Europa hielt Bundespräsident Richard von Weizsäcker (zu jenem Zeitpunkt erst ein Jahr im Amt) eine Rede, die die bis dahin tiefste von einem deutschen Politiker vorgenommene Analyse der Schuld enthielt. Er nannte die Kapitulation Deutschlands einen «Tag der Befreiung» und erklärte, dass jüngere Generationen keine eigene Schuld bekennen könnten für Taten, die sie nicht begangen haben: «Kein fühlender Mensch erwartet von ihnen, ein Büßerhemd zu tragen, nur weil sie Deutsche sind. Aber die Vorfahren haben ihnen eine schwere Erbschaft hinterlassen. Wir alle, ob schuldig oder nicht, ob alt oder jung, müssen die Vergangenheit annehmen. Wir alle sind von ihren Folgen betroffen und für sie in Haftung genommen.» Hier machte er eine kurze Pause, um seinen Worten Nachdruck zu verleihen. «Es geht nicht darum, Vergangenheit zu bewältigen. Das kann man gar nicht. Sie läßt sich ja nicht nachträglich ändern oder ungeschehen machen. Wer aber vor der Vergangenheit die Augen verschließt, wird blind für die Gegenwart. Wer sich der Unmenschlichkeit nicht erinnern will, der wird wieder anfällig für neue Ansteckungsgefahren.»[14]

Mehr als zwei Millionen Exemplare des Manuskripts wurden gedruckt und in der Bevölkerung verteilt. Seine historische Ansprache war von großer Bedeutung, nicht nur wegen ihres Inhalts, sondern auch wegen ihres Verfassers. Denn dessen Familie war ebenfalls mit der Geschichte des Dritten Reichs verknüpft. Ernst von Weizsäcker, der Vater des Bundespräsidenten, hatte die Diplomatenlaufbahn eingeschlagen und unter anderem im Auswärtigen Amt der nationalsozialistischen Regierung als Staatssekretär gedient. Ab 1947 musste er sich wegen seines Beitrags zur Deportation französischer Juden nach Auschwitz vor dem Nürnberger Gericht verantworten, wurde schuldig gesprochen und zu einer Haftstrafe von sieben Jahren verurteilt, im Oktober 1950 im Zuge einer Amnestie aber vorzeitig entlassen; kurze Zeit später starb er an einem Herzanfall.

Der Jahrestag fiel in eine Phase, als man im Land diskutierte, welche Form die Vergangenheitsbewältigung angesichts des langen Zeitraums seit Kriegsende annehmen solle. Bei einem Besuch in Israel 1984 erklärte Bundeskanzler Helmut Kohl nach Besichtigung der bedeutendsten Holocaust-Gedenkstätte Yad Vashem den Abgeordneten der Knesset, dass er zu einer Generation von Deutschen gehöre, der glücklicherweise keine Verantwortung zukomme: «Ich rede vor Ihnen als einer, der in der Nazizeit nicht in Schuld geraten konnte, weil er die Gnade der späten Geburt und das Glück eines besonderen Elternhauses gehabt hat.»[15]

Die Kontroverse über diesen Vorfall wurde zusätzlich befeuert durch Kohls Entscheidung, anlässlich eines Staatsbesuchs von Ronald Reagan 1985 die Kriegsgräberstätte Bitburg an der luxemburgischen Grenze zu besuchen, auf der neben Hunderten Soldaten der deutschen Wehrmacht auch Angehörige der Waffen-SS bestattet waren. Insgesamt blieben die beiden Staatschefs nur ganze acht Minuten auf dem Friedhof, da die Fahrt mit einem Besuch der Gedenkstätte von Bergen-Belsen verbunden war. Doch es reichte für eine Kranzniederlegung. Mit diesem Akt fühlten sich jene Deutschen bestätigt, die meinten, die Vergangenheit sei «normalisiert». Wie viele von Kohls Handlungen schien auch diese Entscheidung ungeschickt, doch verbarg sich dahinter eine komplexe und wohldurchdachte Absicht. Ganz in diese Reihe passte das geradezu ikonische Foto mit dem deutschen Bundeskanzler und dem französischen Staatspräsidenten François Mitterrand, wie sie bei einer Feierstunde zum 70. Jahrestag des Ausbruchs des Ersten Weltkriegs in Verdun Hand in Hand dastehen. Kohl tat genau das, was viele Deutsche seines Alters taten – er manövrierte sich mühsam durch die jüngere Geschichte, weigerte sich, sie unter den Tisch zu kehren, und versuchte der Erinnerung eine Form zu geben, ohne sich von ihr formen zu lassen.

Dies waren die Strömungen in Politik und Wissenschaft, als ich 1985 meine Stelle in Bonn antrat.

Es war die Zeit des sogenannten Historikerstreits. Ausgetragen wurde er zwar nur von einer kleinen Gruppe Intellektueller in den Feuilletons der *Frankfurter Allgemeinen Zeitung* und der *Zeit*, doch er kennzeichnete den Beginn des Ringens um die Seele des modernen Deutschlands.

In bestimmter Hinsicht war es eine direkte Auseinandersetzung zwischen Rechts und Links. Den Startschuss gaben drei konservative Historiker mit ihrem Versuch, die Singularität des Holocaust und damit die Schuld der Deutschen zu relativieren. Dies wurde von der liberalen Linken als gefährlicher Revisionismus und unhaltbare Verharmlosung zurückgewiesen. Die Auseinandersetzung begann im Juni 1986 mit der Veröffentlichung eines Essays von Ernst Nolte, damals Professor für Neuere Geschichte an der Freien Universität Berlin, unter der Überschrift «Vergangenheit, die nicht vergehen will. Eine Rede, die geschrieben, aber nicht gehalten werden konnte» in der *Frankfurter Allgemeinen Zeitung*. Darin plädierte er dafür, einen Schlussstrich unter die deutsche Vergangenheit zu ziehen, denn die Forderung, sich an die Nazizeit zu erinnern, sei «wie ein Richtschwert über der Gegenwart aufgehängt»[16].

Nolte verstand sich als intellektueller Provokateur. Ihm ging es darum, die Konformisten in den europäischen Akademikerkreisen wachzurütteln. An seiner Seite standen die beiden Historiker Michael Stürmer und Andreas Hillgruber. Stürmer, unter anderem auch außenpolitischer Berater von Kanzler Kohl, war der Ansicht, Regierung, Medien und Historiker sollten zusammenwirken, um eine positive Sicht auf die Geschichte Deutschlands zu schaffen, sich weniger auf die zwölf Jahre des Dritten Reichs zu fokussieren, sondern den Blickwinkel zu weiten.

Der bekannteste Kritiker der Gruppe war der Sozialphilosoph Jürgen Habermas. In einem Artikel mit dem Titel «Eine Art Schadensabwicklung. Die apologetischen Tendenzen in der deutschen Zeitgeschichtsschreibung» griff er den neuen Nationalismus der Rechten scharf an. Für ihn war und blieb Auschwitz Zeichen einer tiefen Zäsur in der deutschen Geschichte.

Nach der Niederlage Hitlers hatte man, besonders im Ausland, gern die Theorie des deutschen «Sonderwegs» vertreten. Einer ihrer bekanntesten Anhänger war der US-amerikanische Historiker und Journalist William L. Shirer, der in seinem 1960 erschienenen Buch *Aufstieg und Fall des Dritten Reichs* eine gerade Linie von Luther zu Hitler zieht. Folgt man ihm, waren die Deutschen seit jeher für blinden Gehorsam und Unterwürfigkeit anfällig. Viele Kritiker bezeichneten Shirers Darstellung als verkürzt und unausgereift. Zwar hatte sich in den 1980er Jahren bereits ein differenzierterer Ansatz zur Frage der Kriegsschuld durchgesetzt, doch auch er war nicht weniger subjektiv gefärbt. Den tonangebenden Männern (Frauen traten damals kaum in Erscheinung) im öffentlichen Leben Deutschlands fiel es oft schwer, das Politische vom Persönlichen zu trennen.

Die entbrannte Debatte wurde weltweit geführt. Das internationale Institut für Holocaust-Forschung Yad Vashem widmete dem Historikerstreit eine gesamte Ausgabe seiner Zeitschrift *Yad Vashem Magazine*. Und in London wurde dazu eine Tagung unter Beteiligung renommierter Historiker und

Publizisten wie Ralf Dahrendorf, Isaiah Berlin, George Weidenfeld und Fritz Stern abgehalten.

Der zeitliche Abstand, der die Rolle der eigenen Familie in der NS-Zeit für den Einzelnen in immer weitere Ferne rückte, hatte das Dilemma nicht entschärft. Wie und worüber sollten Historiker forschen, wie Künstler die Möglichkeit diskutieren, Deutsche auch als Opfer des Kriegs darzustellen, ohne sich den Vorwurf des moralischen Relativismus einzuhandeln?

Ein Reizthema stellte die massenhafte Vergewaltigung deutscher Frauen in der ersten Jahreshälfte 1945 durch sowjetische Soldaten dar.[17] Das in den Vereinigten Staaten 1954 anonym veröffentlichte Buch *A Woman in Berlin* schilderte die Ungeheuerlichkeiten in qualvollen Einzelheiten. Die Autorin beschreibt sich selbst als 32-jährige Angestellte in der Medienbranche. Der Bericht ihres Überlebenskampfs erstreckt sich über zwei Monate. Da sie den Vorteil hatte, russisch zu sprechen, entschloss sie sich, einen gebildeteren Offizier als «ständigen Begleiter» zu suchen und seine Geliebte zu werden, um auf diese Weise vor sonst üblichen wiederholten Vergewaltigungen und anderen Übergriffen geschützt zu sein. Das Buch wurde in zahlreiche Sprachen übersetzt, zunächst jedoch nicht ins Deutsche. Als 1959 endlich ein Verleger in Genf gefunden war, stieß *Anonyma – Eine Frau in Berlin* auf eisige Ablehnung. Man beschuldigte die Autorin, berechnend und gefühlskalt zu sein, vor allem aber die Würde der deutschen Frauen herabzusetzen. Daraufhin verweigerte sie weiteren deutschen Auflagen ihre Genehmigung. 2003, fast 50 Jahre später, enthüllte der Journalist Jens Bisky, dass der Text von einer Journalistin namens Marta Hillers stammte, die 2001 verstorben war. Er wurde in der

Anderen Bibliothek unter der Herausgeberschaft von Hans Magnus Enzensberger neu aufgelegt und diesmal von den Kritikern mit Lob aufgenommen. Monatelang stand das Buch auf der Bestsellerliste. 2005 erschien eine englische Neuausgabe, ergänzt durch eine Einleitung des britischen Historikers Antony Beevor, der den Text als den beeindruckendsten persönlichen Bericht aus der Zeit nach dem Zweiten Weltkrieg bezeichnete.[18]

Ein ähnlich großes öffentliches Echo fand das 2002 erschienene Buch *Der Brand. Deutschland im Bombenkrieg 1940–1945*, das sich mit den Flächenbombardierungen der deutschen Städte, insbesondere der Zerstörung Dresdens befasst. Jörg Friedrich, sein Autor, war Kontroversen gewohnt. Er hatte sich bereits gegen den Vietnamkrieg eingesetzt und protestierte auch gegen den von Bush und Blair gemeinsam initiierten Irakkrieg. Friedrich wollte das Thema des Leids der Deutschen nicht länger allein den rechtsextremen Nationalisten überlassen. Sein Buch wurde zum Bestseller. Durch sein vorheriges Werk über den Nationalsozialismus war Friedrich zu einem gewissen Grad gegen Angriffe gefeit. Da er im Zusammenhang mit dem Feuersturm jedoch auch von «Vernichtung» sprach, warf man ihm dennoch vor, die deutsche Schuld zu relativieren.

Einen großen Eindruck hinterließ W. G. Sebalds Buch *Luftkrieg und Literatur*, das 1999 erschien. Der aus Bayern stammende und in Großbritannien lebende Autor und Literaturwissenschaftler diskutiert darin anhand mehrerer schriftstellerischer Werke, ob und inwiefern die deutsche Literatur kollektive Erfahrungen der Kriegszeit wiedergebe. Dies geschieht am offensten in dem Kapitel über den Bombenkrieg der Alliierten. Einige Jahre vor Erscheinen des

Buches hatte die Königinmutter im Zentrum Londons ein Denkmal für Arthur «Bomber» Harris enthüllt, den Oberbefehlshaber der alliierten Luftstreitkräfte, der die Bombardierungen deutscher Städte angeordnet hatte. Sebald erinnerte an die Zahlen: Annähernd 700 000 Zivilisten, darunter etwa 75 000 Kinder, waren verbrannt oder erstickt, Bomben mit dem Gesamtgewicht von einer Million Tonnen auf 131 Städte und Ortschaften niedergegangen. Konkret ergab das, um nur einige Beispiele zu nennen, 31 Kubikmeter Trümmerschutt für jeden Einwohner Kölns, 6865 Leichen, die wegen Seuchengefahr im Dresdner Stadtzentrum auf Scheiterhaufen verbrannt wurden, und Flammen, die in Hamburg bis zu 2000 Meter in den Himmel stiegen.[19] Die in den Adenauer-Jahren vorherrschende Amnesie beruhte seiner Ansicht nach nicht auf der Weigerung, Stellung zu beziehen, sondern auf einem verzögert einsetzenden Trauma. «Gerade aber an der Unzulänglichkeit und Verkrampftheit der mir ins Haus geschickten, unterschiedlichen Schriftstücke und Briefe konnte man ablesen, dass die in den letzten Kriegsjahren von Millionen gemachte Erfahrung nationaler Erniedrigung sondergleichen nie wirklich in Worte gefasst und von den unmittelbar Betroffenen weder untereinander geteilt noch an die später Geborenen weitergegeben worden ist.»[20]

Für Deutschland war es von großem Wert, nun offen über die eigenen Wunden sprechen zu können. Nicht im Sinne einer Rechtfertigung, sondern weil es seit den 1980er Jahren, seit der Wiedervereinigung und auch schon in der Zeit davor, gelernt hatte, sich mit seiner Schuld auseinanderzusetzen. Zivilcourage war Thema in der Schule: Gesetze sind zu befolgen, aber gilt dieses Prinzip auch dann, wenn sie ein Land in eine falsche Richtung führen? Man ermutigte die Schüler zu eigenständigem Denken, dazu, auch nein zu sagen und gegebenenfalls Widerstand zu leisten.

Die Erinnerung an die Kriegsschuld ist im Lauf der Zeit nicht schwächer geworden. Es verblüfft mich immer wieder, wie viele Deutsche, insbesondere junge Menschen und jene in mittleren Jahren, unaufgefordert darauf zu sprechen kommen. Dies geschieht nicht in der Absicht, sich bloß die Vergangenheit zu vergegenwärtigen – obwohl das durchaus auch seinen Wert hat –, sondern um sich zu vergewissern, dass aus ihr tatsächlich Lehren gezogen wurden. In Zeiten wie diesen, in denen autoritäres Denken, Nationalismus und unzivilisiertes Getöse in Europa und anderswo immer mehr an Boden gewinnen, spricht man in Deutschland über die Verbrechen des Dritten Reichs häufiger denn je. Niemand tritt heute mehr dafür ein, einen Schlussstrich zu ziehen.

Der in den letzten Jahren weltweit aufkommende Populismus war Anlass zu ausführlicheren Analysen zum Wesen des autoritären Denkens und seiner Anziehungskraft im Kontext der heutigen Zeit. Am nachdenklichsten machte mich ein 2018 in einem Essayband erschienener Text, der die Frage stellte, ob sich in anderen Ländern ebenfalls eine Disposition für Gehorsam und Fügsamkeit finden ließe. «Die westlichen liberalen Gesellschaften haben die Fähigkeit der Menschen, sie zu tolerieren, bis über alle Maßen strapaziert», schrieben die Wissenschaftler Karen Stenner und Jonathan Haidt. Dies sei eine natürliche Variation im politischen Charakter der Menschen, «großenteils vererbbar und relativ unabänderlich, vor allem aber größtenteils immun gegenüber demokratischer Sozialisation und der Förderung von Multikulturalismus, sofern sie dadurch nicht noch verstärkt wird».[21]

Eine ernüchternde Einschätzung, angesichts derer man nur hoffen kann, dass alle Staaten wachsam bleiben.

Ob in den Schulen oder in der Wissenschaft, ob in den Medien oder in der Politik, in Deutschland wurde die Abrechnung mit jedem weiteren Jahrzehnt detaillierter und schmerzlicher, aber auch nuancierter. Dies zeigt ein Land, das im Begriff ist, sich mit seiner Vergangenheit zu versöhnen – ganz im Gegensatz zu anderen Nationen, die im Krieg Schuld auf sich luden: Japan, Österreich, Italien. Man betrachte nur Spanien mit seinem jahrzehntelangen Widerstand, General Francos sterbliche Überreste aus dem «Tal der Gefallenen» zu bringen. Als es 2019 endlich dazu kam, protestierte nicht nur eine kleine Gruppe von Extremisten, sondern ein durchaus beträchtlicher Anteil von Bürgern, die nichts dabei fanden, ihre Bewunderung für den faschistischen Diktator vor aller Welt zu zeigen.

Die Wiedervereinigung und die Aufbruchsstimmung gaben den Deutschen Gelegenheit, Zeit und Raum, die vielen Traumata zu bewältigen, die sie anderen zugefügt hatten – sowie jene, die sie selbst erfuhren. Und dies doppelt, in zwei Diktaturen, beide schrecklich, wenn auch nicht miteinander vergleichbar. Aber vergessen will es niemand.

KAPITEL 2

# Die Sehnsucht nach Stabilität

## Angela Merkel und das Vermächtnis des Ostens

Auch mit größter Mühe lässt sich ein Land, das seit eineinhalb Jahrzehnten von einer unbeugsamen, aus einer verschlafenen Kleinstadt stammenden Naturwissenschaftlerin geführt wird, nur schwer schlechtreden. Der Aufstieg Angela Merkels und die Art, wie sie das heutige Deutschland geprägt hat, gehört zu den unglaublichen Geschichten in der Politik des frühen 21. Jahrhunderts. Dabei gab es nichts, was sie – als Frau, Protestantin, studierte Physikerin und geschieden – für ihr Amt prädestiniert hätte.

Ich traf sie zum ersten Mal zu Beginn des Jahres 1990, als sie noch eine unauffällige Beraterin von Lothar de Maizière war. Während um sie herum das Chaos tobte, wirkte sie auf mich erstaunlich gefasst, wie sie voller Zurückhaltung und Ruhe im Ostberliner Palast der Republik bei ihrem Kaffee saß. Nie wäre ich auf die Idee gekommen …

Eine ganze Generation Deutscher kennt kein anderes Staatsoberhaupt. Angela Merkel verkörpert Deutschlands tiefes Verlangen nach Stabilität. In all den Jahren hat sie nur selten über sich selbst gesprochen. Sogar als sie von der Zeitschrift *Time* 2015 zur Person des Jahres erklärt wurde, weigerte sie sich, ein Interview zu geben. Ihre Herkunft und ihre Rolle als Frau in der Politik sind Dinge, über die sie nicht gern redet. Diese Zurückhaltung wurde mit der Zeit zu ihrem Markenzeichen. Einer ihrer ehemaligen Berater sagte mir, dass sie nur selten offen Gefühle zeige – und zwar nicht, wie er betonte, weil sie kalt sei, sondern wegen der Erfahrungen in ihrer Kindheit und Jugend. «Durch ihre Sozialisation im System der DDR ist sie sich stets bewusst, dass man auch von Freunden verraten werden kann. Weil sie von den Menschen wenig erwartet, ist sie auch nur selten enttäuscht.» Andere Mitarbeiter berichten, dass vor allem ihr Interesse an Kultur ihr die nötige Bodenhaftung verleihe. Ulrich Wilhelm, Regierungssprecher von 2005 bis 2010, erinnert sich an lange Hin- und Rückflüge zu und von Gipfeltreffen, auf denen sie sich nicht nur über Politik unterhielten, sondern auch über Literatur und Kunst.

Nur ein Jahr nach dem Mauerfall wurde Merkel Ministerin in einem politischen System, das ihr völlig fremd war. Bis heute ist sie eine der ganz wenigen Ostdeutschen, die es in der Politik bis an die Spitze geschafft haben. Damals suchten die etablierten Parteien Westdeutschlands Politiker aus dem Osten, die nicht vorbelastet waren und die sich in die neue Ordnung einfügen konnten. Bei der ersten Wahl zum gesamtdeutschen Bundestag im Dezember kandidierte Merkel für die CDU in Mecklenburg-Vorpommern. Helmut Kohl nahm sie sogleich unter seine Fittiche und berief sie in sein Kabinett, indem er ihr das damalige Ministerium für Frauen und Jugend anvertraute. Dass er sie «das Mädchen» nannte, war ihr zwar nicht recht, aber sie ließ es geschehen. Aufmerksam verfolgte sie den Lauf der Dinge und die Gespräche. «Sie musste vorsichtig sein», erinnert sich Wilhelm. «Etwas anderes blieb ihr gar nicht übrig. Denn die Leute fragten sich, ob sie überhaupt ernst zu nehmen sei. Sie ist sehr klug und hat mitgespielt.» Kohl suchte ihren Rat, wenn er wissen wollte, wie die Ostdeutschen dachten. Sie hingegen hatte erwartet, dass die Westdeutschen viel dynamischer und energischer seien, sagte sie später. Also stellte sie sich um und ging auf Nummer sicher. Mariam Lau, Journalistin der *Zeit* und eine von Merkels Biographinnen, meint, Merkel erkannte rasch, wie risikoscheu und ängstlich die Wähler waren, ein Eindruck, an dem sich im Lauf der Zeit nichts geändert hat.

Gebäude können das Verhalten ihrer Nutzer prägen, Parlamentsgebäude prägen den Ruf eines Volkes. Die Glaskuppel auf dem von Norman Foster renovierten Reichstag ist ein Meisterstück, spiegelt sie doch die Psyche des modernen Deutschlands. Die Bürger können darin kreisen und von oben auf ihre gewählten Volksvertreter herunterblicken. Das alte Parlament aus der Kaiserzeit mit all seiner negativen Konnotationen, in dem Hitler seine Reden hielt, war zu etwas verblüffend Modernem geworden – dank eines Briten.

Die Wiedervereinigung gab dem Land die Gelegenheit zur Herausbildung einer neuen politischen Struktur mit mehr Stabilität und Transparenz. Diese Erwartungen verkörperte Merkel, die verlässliche Politikerin aus dem Osten, die es im Westen zu etwas gebracht hatte. Im November 2004, kurz bevor sie Kanzlerin wurde, stellte man ihr in einem Interview der *Bild* die Frage, welche Gefühle sie mit Deutschland verbinde. Sie antwortete: «Ich denke an dichte Fenster! Kein anderes Land kann so dichte und so schöne

Fenster bauen.»[1] Damit hatte sie nicht einfach bloß solide Häuser im Sinn. Ihre Antwort kann als Metapher für die Struktur eines Landes genommen werden, für eine Gesellschaft, die nichts höher schätzt als Verlässlichkeit.

Diese Geschichte erzählte mir Stefanie Bolzen, die Großbritannien-Korrespondentin der *Welt*, verheiratet mit einem Briten und eine kluge Beobachterin der Politik beider Staaten. Bolzen erklärte mir, sie stimme Merkel zu. Sie hatte geplant, die zugigen Fenster ihrer Wohnung in London durch echte deutsche Kippfenster zu ersetzen. Da sie jedoch keine britischen Handwerker fand, die die von ihr gewünschte Qualität liefern konnten, importierte sie sie aus Deutschland. Ausländer wundern sich nicht nur über englische Häuser, sondern auch über englische Politik, in der oft auch nur Flickschusterei betrieben wird, zwar durchaus kultiviert, aber amateurhaft. So vergleichen sie Großbritannien gerne mit einem herrschaftlichen Anwesen: überwucherte Gärten, knarzende Dielen, krumme Balken und Schiebefenster, die sich nie ganz schließen lassen, irgendwie wunderschön, aber auch ziemlich verschroben.

Das britische Parlamentsgebäude mit seinen leckenden Wasserrohren, den Toiletten aus viktorianischer Zeit, den überall lauernden Brandgefahren und den Ratten unter den Dielen wirkt deprimierend. Milliarden Pfund wurden schon ausgegeben, um es zu renovieren, und es werden wohl noch einige hinzukommen. Seine absurden Eigenheiten, die Parlamentsdiener in lächerlichen Uniformen, isolieren die Abgeordneten vom Alltag ihrer Wähler. Hier stellt man Tradition über Pragmatismus. Leider steht dieses Haus eher für ein einstudiertes Schauspiel mit gezielten Zwischenrufen als für die ernsthafte und konstruktive Zusammenarbeit, der sich die meisten Parlamentarier gern widmen würden.

Das deutsche Parlamentsgebäude hingegen bietet Raum für jede denkbare wichtige Maßnahme. Alles im öffentlichen und politischen Leben ist auf Risikovermeidung ausgerichtet. Man sucht, wenn möglich, den Konsens, gibt einem verlässlichen Politiker den Vorzug vor einem glänzenden Redner. Die Bildung einer Koalition, die Existenz so vieler verschiedener Bündnisse sowohl in den Bundesländern als auch in den diversen Bundesregierungen der Vergangenheit wären nicht möglich gewesen ohne die Bereitschaft zu Kompromissen. Die Verfassung, aber auch die politische Kultur besitzen eine verblüffende Fähigkeit, Rebellen zu neutralisieren. Das bringt natürlich auch Nachteile mit sich, wie die Scheu vor dem Risiko und ein ausgeprägtes Sicherheitsdenken. Doch andere, und gerade die Briten, können daraus viel lernen und einiges womöglich übernehmen. Man braucht sich nur einmal die jüngere Vergangenheit anzuschauen: Wie kann aus den Auseinandersetzungen in einem Zweiparteiensystem eine gute Politik erwachsen?

Die Ära Merkel begann im November 2005. Nach einem leidenschaftslos wirkenden Wahlkampf hielten es nur wenige für möglich, dass sie lange an der Macht bleiben würde. Doch im Verlauf von ein, zwei Jahren konnte sie ihre Stellung innenpolitisch festigen und sich in Europa den Ruf einer Führungspersönlichkeit erwerben. Stabilität und immensen Respekt im In- wie im Ausland erlangte sie ohne große Gesten. In einer Zeit, in der Wortgetöse Konjunktur hat, kennzeichnet Merkels Auftreten eher das Gegenteil. Dass sie in Berlin stets zum gleichen Friseur geht und dass man sie gelegentlich beim Einkauf von Lebensmitteln sieht, ist kein Zufall. Oder ihre Kunstbegeisterung: faszinierend zu hören, dass sie hin und wieder persönlich die Direktoren ihrer Lieblingsmuseen anruft und darum bittet, ein bisschen länger geöffnet zu bleiben, damit sie sich ohne Aufsehen zu erregen die eine oder andere Ausstellung ansehen kann.

Auf internationaler Ebene bevorzugt sie gut vorbereitete Verhandlungspartner, die nicht für Überraschungen sorgen. Zwar liebt sie die Vereinigten Staaten als Urlaubsziel, doch mit den letzten beiden Präsidenten kam sie nicht sonderlich gut zurecht. Ihre Beziehung zu Trump war schlichtweg fürchterlich. Sie verachtete seine ungehemmte Vulgarität. Er rächte sich, indem er sie öffentlich beleidigte. Überraschenderweise aber hatte sie, wenigstens anfänglich, auch Probleme mit Barack Obama. Seine Eloquenz machte sie misstrauisch. Als er sich 2008 um die Präsidentschaftskandidatur der Demokraten bewarb, bat sein Wahlkampfteam die deutschen Behörden um die Erlaubnis, in Berlin eine Rede halten zu dürfen, am liebsten vor dem Brandenburger Tor. Da sie eine Wiederholung von Szenen wie der mit John F. Kennedy («Ich bin ein Berliner») und Ronald Reagan («Mr. Gorbatschow, reißen Sie die Mauer ein!») fürchtete, ließ sie ihn wissen, dass sie es ablehne. «Man kann [Regierungs-]Aufgaben nicht mit Charisma lösen»[2], lautete ihre Begründung.

Je länger sie im Amt war, desto mehr neigte sie zu Vorsicht, einer Politik der kleinen Schritte und zur Absicherung gegen alle Eventualitäten. Es sei ihr immer wichtig, jede mögliche Option einer Entscheidung durchzugehen, erklärte sie.[3] Das vom Langenscheidt-Verlag erkorene Wort des Jahres 2015 lautete «merkeln» als Bezeichnung für zaudern oder abwarten. Nach wie vor schreibt sie viele SMS, auch in Parlamentssitzungen, wo sie sie Freunde und Berater in Echtzeit miteinbezieht. Eine Angewohnheit, die ihr den Spitznamen «Handykanzlerin» einbrachte.

In den ersten zwei Jahrzehnten des 21. Jahrhunderts prägten insbesondere Verlässlichkeit und Vorsicht als hervorstechendste und durch Angela Merkel personifizierte Merkmale das Leben in Deutschland. Im Guten wie im Schlechten ist die politische Kultur in Deutschland stets auf Abfederung bedacht. Zur Zeit von Merkels Amtsantritt sehnte sich das Land nach Stabilität, denn Gerhard Schröders Hartz-IV-Reformen hatten zwar der Wirtschaft gewaltige Impulse gegeben, aber auch die Nation gespalten. Zudem waren im Zuge des Irakkriegs Deutschlands außenpolitische Bündnisse geschwächt, und die anfängliche Euphorie nach dem Mauerfall war 15 Jahre später im vereinten Deutschland verflogen.

Die Sehnsucht nach Stabilität lässt sich am besten verstehen, wenn man sich die Alternative ansieht.

Zu Beginn des Sommers 1989 bekam ich meine DDR-Presse-Akkreditierung und zog nach Ostberlin – den Ausweis mit Hammer und Zirkel im Ährenkranz besitze ich noch heute. Meine Wohnung befand sich in einem tristen Plattenbau an der Leipziger Straße, damals die hässlichste Straße Berlins. Ich war einer der wenigen Ausländer im Haus. Die Umgebung war dunkel und fast menschenleer. Bis zur Grenze hatte man es nicht weit; der Checkpoint Charlie lag nur einen Steinwurf entfernt.

Als Bürger einer der alliierten Besatzungsmächte hatte ich die Freiheit, ganz nach Belieben zwischen Ost und West hin- und herzuwechseln. Nach nur wenigen Monaten musste ich mir einen neuen Pass besorgen, weil im alten kein Platz mehr für die Stempel war (inzwischen kannte ich einige der Offiziere am Grenzübergang). Doch das erzählte ich meinen neuen Freunden in Ostdeutschland nicht; es wäre für sie zu schmerzlich gewesen. Zwar war die Wiedervereinigung in der Bundesrepublik nach wie vor Thema und auch als Gebot im Grundgesetz verankert, aber kaum jemand glaubte, dass es einmal dazu kommen würde. Selbst gegen Ende 1987, auf dem Höhepunkt von Gorbatschows Perestroika, konnte sich nicht einmal ein Zehntel der Westdeutschen vorstellen, dass bis zum Ende des Jahrhunderts die zwei Deutschlands wieder zu einem geworden waren.

Bei jedem Besuch Westberlins gehe ich in Gedanken den Mauerverlauf nach. Ob in der U-Bahn oder der S-Bahn, ob zu Fuß oder im Auto, ich weiß stets, wann es nach «drüben» geht. In jenen heiklen Wochen 1989 hätte alles Mögliche schiefgehen können, und wir verdanken es denen, die damals die Zügel in der Hand hielten, dass es nicht dazu kam. Rückblickend wird klar, dass der ostdeutsche Staat zu diesem Zeitpunkt nicht mehr funktionsfähig war. Die DDR hatte schon mehr als zwei Millionen Menschen durch Flucht verloren, als sie 1961 zu dem Schluss kam, diesem Problem nur durch den Bau einer Mauer beikommen zu können. So wundert es nicht, dass ihr politisches System keine Überlebenschance hatte, als sie eingerissen wurde. Eher sollte man sich fragen, wie es sich überhaupt so lange halten konnte.

Mir stehen noch viele Momente vor Augen: «Wir sind das Volk», der Ruf nach Freiheit, der zum Leitmotiv der Wiedervereinigung wurde; der Fall der Mauer selbst und die außergewöhnlichen Geschichten einzelner Menschen;

Willy Brandts Erklärung: «Jetzt wächst zusammen, was zusammengehört!»[4] Der große alte Mann der Sozialdemokratie, der Entspannung, signalisierte mit diesen Worten, dass es für Deutsche nicht mehr gefährlich war, sich als Einheit zu sehen. Kohl sprach zu einer begeisterten Menge vor dem Schöneberger Rathaus von der Bedeutung, «dass wir besonnen bleiben und klug handeln ... Denn es geht um unsere gemeinsame Zukunft.»[5] Zwei Wochen später stellte er sein Zehn-Punkte-Programm zur Überwindung der Teilung Deutschlands vor. Damals meinte er noch, der Prozess könnte ein Jahrzehnt dauern, doch dann überschlugen sich die Ereignisse.

Ich möchte hier nicht die unglaublichen Begebenheiten wachrufen oder aus ihrem historischen Zusammenhang reißen. Viel wichtiger ist mir zu zeigen, welche Wirkung die Wiedervereinigung auf Deutschland und den Rest der Welt hatte.

War es aus heutiger Sicht das Vernünftigste, 1999 im Einigungsvertrag die sechs neu geschaffenen Bundesländer, das Land Berlin eingeschlossen, mit Hilfe des neu eingefügten Artikels 23 des Grundgesetzes einfach an die Bundesrepublik anzuschließen? Dies entsprach nicht den Plänen des 1948 zur Schaffung des Grundgesetzes erstmals einberufenen Parlamentarischen Rats. Die hatten vorgesehen, im Fall einer Wiedervereinigung das Grundgesetz mit Hilfe von Artikel 146 außer Kraft zu setzen und eine gesamtdeutsche Verfassung einzuführen. Letztlich aber ließ man das Provisorium einfach zur Dauerlösung werden.

Noch heute wird diskutiert, ob dieses Vorgehen richtig war. Und das ist sicher gut so. Jeder bedeutendere Jahrestag in Deutschland war Anlass für Schuldzuweisungen und

Selbstkritik: Hätte man mehr tun müssen, um Teile der ostdeutschen Wirtschaft zu retten, sie umzustrukturieren und funktionsfähig zu machen? Es wäre zweifellos der bessere Weg gewesen. Besonders der Treuhandanstalt wird immer wieder Versagen vorgeworfen. Birgit Breuel, die sie in vier von fünf Jahren ihres Bestehens leitete, gab im Vorfeld der Feierlichkeiten im November 2019 eine Reihe von Interviews. Die inzwischen 80-Jährige gestand ein: «Natürlich haben wir Fehler gemacht. Das war sehr bitter. Aber ich fand den Weg, für den sich ganz Deutschland damals entschieden hat, grundsätzlich richtig. Das denke ich auch heute noch.»

Im August 2018 befanden sich unter den Gästen der Talkshow «Markus Lanz» auch Bernhard Vogel, ehemaliger Ministerpräsident von sowohl Rheinland-Pfalz als auch Thüringen, und die ostdeutsche Autorin Jana Hensel. Vogel konnte nur den Kopf schütteln über die Klagen der Ostdeutschen, und Hensel bezichtigte die Westdeutschen der Arroganz. Schließlich kamen sie überein, dass sie beide recht hatten. «Für euch im Westen war mit der Wiedervereinigung die Geschichte zu Ende», stellte Hensel fest. «Für uns war es der Anfang.»

Die Älteren, die den Großteil ihres Lebens in der DDR verbracht haben, fanden für diese Haltung einen alles kennzeichnenden Ausdruck: die Mauer im Kopf. Damit steht man vor der Frage, was die Ostdeutschen von heute ausmacht. Der *Spiegel* versuchte eine Antwort zu finden in einer Titelgeschichte im August 2019: «So isser, der Ossi». Darin ging er der Frage nach, wie der Osten tickt und warum er anders wählt. Der Artikel zog heftige Kritik nach sich. Und die Berliner Volksbühne widmete der weitläufigen Frage ost-/westdeutscher Identität gleich eine ganze Reihe von Veranstaltungen.

Ich selbst habe mit vielen Menschen gesprochen, um zu verstehen, wie Ost- und Westdeutsche aufeinander blicken. Zum Beispiel mit Bettina Leetz, die seit 1982 in Potsdam als Familienrichterin arbeitet. In einem Eiscafé auf einem der herausgeputzten Plätze im Zentrum der Stadt erzählte sie mir, dass nach der Wiedervereinigung rund die Hälfte der Richter ihren Posten verloren haben. Je höher der Gerichtshof, desto wahrscheinlicher der Stellenverlust, da man davon ausging, dass die dort tätigen Juristen stärker in das politische System eingebunden waren. Am Obersten Gericht behielt nur ein Richter seine Stelle. Einige Juristen ließen sich umschulen und wirkten in der Folge als Rechtsanwälte, als Justiziare in Unternehmen oder bei Sicherheitsunternehmen. Andere gingen in den Ruhestand. In der alten Zeit gab es nicht viel zu tun. Wenn der Staat einen bestrafen wollte, zögerte er nicht lange. Scheidungen waren nicht kompliziert, weil die Leute kaum etwas besaßen, was aufgeteilt werden musste, und weil die Kinderbetreuung viel stärker in Händen des Staates lag. Jetzt, wo die Leute mehr Geld haben, erleben Rechtsstreitigkeiten eine Blüte, und das Geschäft mit Prozessen boomt. In der DDR gab es insgesamt 600 Richter, erzählte Leetz mir; die gleiche Zahl ist heute allein in Brandenburg tätig. Sie gehört zu jenen, die sich angepasst haben und die das bessere Leben schätzen. Doch dann sagte sie etwas, was mich anfangs erschreckte, bis ich es so oft auch von anderen hörte, dass es zu einer vertrauten Floskel wurde: Zu Beginn hätten sich alle noch ernsthaft bemüht, die Differenzen zu überwinden, doch seit einigen Jahren träten sie wieder stärker hervor. Ihre Tochter von Mitte zwanzig, berichtet sie, findet heute weniger Gemeinsamkeiten mit ursprünglich aus dem Westen stammenden Freunden als in ihrer Kindheit und Jugend.

Leetz, die Richterin, war mit einem Klempner verheiratet. Kurz nach der Wende ließen sie sich scheiden. Ich erkundigte mich so taktvoll wie möglich, ob allein persönliche Gründe dafür verantwortlich gewesen waren oder ob es auch mit den politischen Umbrüchen zu tun gehabt habe. Das eine lasse sich vom anderen nicht trennen, meint sie, doch im Osten sei eine solche Verbindung nichts Außergewöhnliches gewesen. Leute aus dem Westen hätten jedoch eine derartige gesellschaftliche Diskrepanz zwischen den Eheleuten oft nicht nachvollziehen können. «Man muss schon zugeben, es war eine komplette Übernahme, und viele Themen sind einfach unter den Tisch gefallen.»

Eine andere interessante Begegnung war Reiner Kneifel-Haverkamp. Er hatte eine sichere Stelle in der Rechtsabteilung des Bonner Auswärtigen Amts, ließ sich aber im August 1991 nach Ostdeutschland versetzen, um der neuen Landesregierung von Brandenburg beim Aufbau des Justizministeriums zu helfen. Sein Grundgehalt war deutlich höher als das seiner Kollegen aus dem Osten; Westdeutsche bekamen einen Zuschuss als Anreiz für den Umzug und ihren Einsatz, die sogenannte «Buschzulage».

Laut Kneifel-Haverkamp gab es zwei Bereiche, die zu Spannungen führten – einer betraf die Ostdeutschen, die sich fragten, wer wen bespitzelt hatte, der andere das Verhältnis zwischen Ost- und Westdeutschen: «Viele meiner Kollegen waren anfangs sehr zugeknöpft, was ich auch verstehen kann. Als man sich dann besser kennenlernte, zogen mich einige stärker ins Vertrauen als andere Leute. Sobald wir eine bestimmte Schwelle überschritten hatten, erzählten sie mir Dinge, die an einem westdeutschen Arbeitsplatz unter Kollegen nie angesprochen werden würden – außer vielleicht unter wirklich guten Freunden.»

Im Gegensatz zu den Pendlern, die für ein verlängertes Wochenende zu ihren Familien zurückkehrten und nur Dienstag bis Donnerstag auf ihrem Posten waren, bemühte sich Kneifel-Haverkamp um Anpassung und gab sich Mühe, von den Ostdeutschen akzeptiert zu werden – obwohl er kein Geheimnis daraus machte, dass er auch weiterhin in Westberlin wohnen bleiben würde. Wenn bei gesellschaftlichen Anlässen in Westberlin Leute über die «armen Verwandten» spotteten, wenn Journalisten und Politiker Klischees verbreiteten, ärgerte er sich.

«Die Westdeutschen waren die ersten Ausländer, die uns enttäuscht haben.» Antje Hermenau ist eine gestandene Politikerin. Das Gespräch mit ihr beschäftigt mich nachhaltig. Während der Wende gehörte sie zu den Mitbegründerinnen der Grünen in der DDR und nahm in Leipzig (als einzige Frau unter 17 Mitstreitern) an den Gesprächen am Runden Tisch teil. Zwischen 1990 und 1994 war sie Abgeordnete im sächsischen Landtag und zwischen 1994 und 2004 im Bundestag. Kurzzeitig mit einem US-Amerikaner verheiratet (was in der DDR höchst selten war), erwarb sie sich den Ruf, auf Unabhängigkeit bedacht zu sein und kein Blatt vor den Mund zu nehmen, eine klassische Regimekritikerin aus den Reihen der Linksliberalen. Bei einem Spaziergang durch Leipzigs Altstadt zeigt sie mir ihre ehemalige Wohnung mit Blick auf die Nikolaikirche. Bei der friedlichen Revolution saß sie in der ersten Reihe.

Inzwischen ist alles anders. Weil sie der Ansicht ist, dass die etablierten Parteien die Menschen – besonders ihre Landsleute, die Ostdeutschen und ihre geliebten Sachsen – im Stich gelassen haben, hat sie die Grünen nach 25 Jahren Mitgliedschaft verlassen. 2019, bei den Landtagswahlen in Sachsen, trat sie für die Freien Wähler an. Sie fährt mit mir in die 15 Kilometer südlich von Leipzig gelegene Kleinstadt Zwenkau, wo die Welt noch in Ordnung scheint. Die Grube des Braunkohletagebaus, der die Region einst belastet hat, wird nun saniert und zu einem Erholungsgebiet mit Wasserreservoir und See umgewandelt. Die Häuser sind sauber und ordentlich, ansonsten tut sich nicht viel. Wir treffen uns mit Heike Oehlert, einer populären Lokalpolitikerin der Freien Wähler, selbständig mit einem Ambulanten Pflegedienst. Hin- und hergerissen zwischen Sympathie und Konsternation verfolge ich ihre Gespräche. Die Freien Wähler wollen sich für jene einsetzen, die ansonsten für die rechtspopulistische AfD stimmen würden. «Man stellt die Leute aus Sachsen und der DDR gern als unzivilisiert dar, nennt uns Hinterwäldler, obwohl wir mehr Kultur haben als sie. Als die anderen gegangen sind, sind wir hiergeblieben. Aber niemand weiß zu schätzen, dass wir alles von Grund auf neu aufgebaut haben», sagt Hermenau. Sie nimmt sich viel Zeit und versucht stundenlang, mir die Umstände zu erklären. «Wir werden gleich zweifach missachtet. Zum einen werden wir bedroht, und dann, wenn wir uns beschweren, heißt es, wir sind Rassisten», ergänzt Oehlert. Ich erkundige mich nach ihren Kindern. Ihr Sohn unterrichtet Gesellschaftskunde in der Stadt. «Er ist allem Fremden gegenüber ebenso aufgeschlossen wie Sie», beteuert sie. «Er versteht die Probleme nicht, die unsere Generation hat.» Ich versuche, ihre

Gefühle nachzuvollziehen, doch als die beiden das Thema Immigranten anschneiden, komme ich nicht mehr mit. Sie finden es ungeheuerlich, dass es in einigen Teilen Berlins Geschäfte gibt, in denen die Angestellten kein Deutsch sprechen. Und die Medien würden sowieso von den beiden großen Parteien und deren stinkreichen Freunden kontrolliert. Diese Frauen haben die Vergangenheit noch nicht hinter sich gelassen. «Wir sind darin geübt, zwischen den Zeilen zu lesen und nicht alles zu glauben, was irgendwo geschrieben steht.»

Der vielleicht größte Fehler bei der Wiedervereinigung war das Versäumnis, in größerer Zahl Menschen aus dem Osten zu suchen, mit denen man hochrangige Posten besetzen konnte. Sie hätten eine Vorbildfunktion haben können. Natürlich wäre es undenkbar gewesen, die Führungsriege der SED in Ämtern mit Entscheidungsgewalt zu belassen. Doch selbst heute noch sind fast alle Schlüsselpositionen in den neuen Bundesländern mit Westdeutschen besetzt. Nach immerhin 30 Jahren werden Spitzenjobs in Politik, Rechtswesen, Militär und Unternehmen nur zu 1,7 Prozent von Ostdeutschen eingenommen, obwohl im Osten 17 Prozent der deutschen Bevölkerung lebt. Keine einzige Universität in Deutschland wird von einer Person geleitet, die aus dem Osten stammt. Und nur sieben Prozent der 500 wichtigsten Firmen Deutschlands haben ihren Hauptsitz im Osten, unter den DAX-Unternehmen gar keins.

Der Autor Frank Richter prägte den Begriff «Verbitterungsstörung».[6] Die Wende führte nicht nur das Ende eines Staats herbei, sondern auch die Auflösung einer Denkweise. Ökonomische Faktoren spielen bei der Verbitterung allerdings nur eine untergeordnete Rolle. Laut einer neueren

Umfrage von infratest dimap von 2019 bezeichnen 75 Prozent der Einwohner Sachsens ihre wirtschaftliche Situation als gut oder sehr gut. Doch fast ebenso viele haben das Gefühl, als Bürger zweiter Klasse behandelt zu werden.[7]

Das Bruttoinlandsprodukt ist in den sechs östlichen Bundesländern heute beträchtlich höher als in den ehemaligen Staaten des «Ostblocks» und um einiges höher als in vielen südeuropäischen Ländern (und auch im Norden Englands). Insgesamt hat die ehemalige DDR eine niedrigere Arbeitslosenquote als postindustrielle Regionen wie das Ruhrgebiet oder das Saarland. Doch es ergibt sich kein einheitliches Bild. Je abgelegener ein Gebiet, je dünner die Besiedelung, desto größer die Probleme. Als Experten zu Beginn der 1990er Jahre prognostizierten, dass man einen langen Atem brauchen werde und es Jahrzehnte dauern würde, um die Wirtschaft im Osten und Westen auf den gleichen Stand zu bringen, warf man ihnen Pessimismus vor. Inzwischen spricht auch das ifo Institut für Wirtschaftsforschung in Dresden vom Jahr 2030 als relativ realistischer Prognose für das Erreichen dieses Ziels. Gegenwärtig liegt das reale monatliche Nettoeinkommen im Osten ungefähr 20 Prozent unter dem des Westens. Mit Hilfe von Transferleistungen, anderen Subventionen und geringeren Preisen für bestimmte Waren rückt der Gleichstand zwar näher, wird aber trotzdem erst in einigen Jahren erreicht sein.

Auch wenn Unternehmen aus dem Westen nur selten Ostdeutsche in Führungspositionen berufen, so sind sie doch zumindest bereit, im Osten zu investieren. Die Summen, die in den vergangenen 30 Jahren ausgegeben wurden, sprengen alle Maßstäbe. Im Zuge des «Aufbaus Ost» flossen zwei Billionen Euro in Infrastrukturprojekte. Ein derart lang anhaltender Transfer von Geldern und Ressourcen ist einzigartig auf der Welt – ein modernes Äquivalent des Marshallplans. Wenn man aber bedenkt, dass lediglich die westliche Hälfte Deutschlands nach dem Zweiten Weltkrieg in den Genuss der amerikanischen Großzügigkeit kam, ist das nur gerecht. Rund ein Fünftel der Gesamtsumme floss in die Sanierung der Umwelt, in die Schließung unsicherer Atomkraftwerke und in den Aufbau von Alternativen zur Abhängigkeit von der Braunkohle. Ehemalige Bürger der DDR erinnern sich sicherlich an die oberirdischen Rohrleitungen und die schwarzen Rauchschwaden, die ihre Städte unwirtlich machten. Den Russ auf den Fensterbänken musste man ständig mit feuchten Tüchern aufwischen. Heute ist die Luft viel sauberer. Die Lebenserwartung – ein klares Indiz für die wirtschaftlichen Bedingungen – hat sich der im Westen angenähert. All dies hatte seinen Preis. Doch welches Land sonst hätte für den «Aufbau Ost» eine Solidaritätssteuer – den Soli – einführen können, ohne größere Proteste auszulösen?

Die Bilanz ist äußerst eindrucksvoll – was jemand aus dem Westen nicht sagen darf, will er nicht den Vorwurf der Überheblichkeit und Selbstzufriedenheit riskieren. Wesentliche Teile der Infrastruktur sind umgebaut. Die großen Städte wurden renoviert. Die Wirtschaft ist auf bestem Wege, mit der des Westens zusammenzuwachsen. Trotz aller Fehler, trotz aller berechtigten oder unberechtigten Vorbehalte ist Deutschland etwas gelungen, wozu andere nicht in der Lage gewesen wären. Und das ohne Hilfe von außen. Dabei blieb es Nettozahler der EU, überstand eine Rezession und weltweite Finanzkrise.

Was also verbirgt sich hinter der Verbitterungsstörung?

Eine Rolle spielt sicherlich der Umstand, dass die Menschen im Osten nie gefordert waren, sich mit ihrer Vergangenheit auseinanderzusetzen, weder mit der der Nazizeit noch mit der der Kommunisten. Täter oder Opfer – dieses Gegensatzpaar missachtet die komplexen Umstände, die Qualen plötzlicher Entscheidungen, die diffusen Grauzonen des Alltagslebens. Die Frage nach Verteilung und Ausmaß von Schuld wurde größtenteils auf der Ebene der Familien oder Gemeinden ausgehandelt. Jeder kannte jemanden. Die Stasi führte über 85 000 hauptberufliche Agenten, über eine halbe Million Informanten und verfügte über Akten von sechs Millionen Menschen. Angesichts einer solch gewaltigen Zahl von Dunkelmännern und Dunkelfrauen hätte man eine bürokratische Maschinerie in Gang setzen müssen, um die individuellen Verwicklungen zu ermessen. Von außen wurde das System einhellig verurteilt. Doch kaum ein Westdeutscher oder Ausländer könnte die Frage, wie er selbst sich selbst unter den Bedingungen eines solchen Systems verhalten hätte, beantworten. Die Standarderklärung, dass die Menschen im Osten doppelt zu leiden hatten, weil sie zwei Diktaturen hatten ertragen müssen, birgt aber auch eine problematische Sichtweise. Sie stützt sich auf das Konzept von Unschuld und Passivität und stellt das Dritte Reich moralisch auf eine Ebene mit der DDR. Daraus ergibt sich die spannende Frage nach der Einordnung der Diktatur in der DDR im weiteren Kontext der deutschen Geschichte des 20. Jahrhunderts.

Und was war mit der Entnazifizierung? Die DDR hat für die Verbrechen des Dritten Reichs nie Verantwortung übernommen. Vielmehr sollte mit dem antifaschistischen Staat unter der Diktatur des Proletariats ein Neubeginn markiert werden. Faschismus galt als natürliche Folge des ungezügelten Kapitalismus, und der Kapitalismus wurde, wenn auch abgewandelt, im Westen fortgeführt. In Westdeutschland ist die gängige Sichtweise, dass sich der Staat zwar vor allem in den ersten beiden Nachkriegsjahrzehnten mit der Aufarbeitung der Geschichte schwergetan, dennoch aber schließlich die historische Verantwortung angenommen habe. Nicht so die DDR. Susan Neiman, die in Berlin lebende amerikanische Moralphilosophin und Direktorin des Einstein Forums in Potsdam, lässt das nicht gelten. Ihr jüngstes Buch *Von den Deutschen lernen. Wie Gesellschaften mit dem Bösen in ihrer Geschichte umgehen können*, in dem sie auch das deutsche Bemühen, Wiedergutmachung für den Holocaust zu leisten mit den bestenfalls halbherzigen Sühneversuchen Amerikas im Zusammenhang mit der Sklaverei vergleicht, liefert eine durchaus kontroverse Darstellung darüber, wie unterschiedlich sich die Menschen in Ost- und Westdeutschland mit dem Erbe des Kriegs auseinandergesetzt haben. Sie zitiert den Autor Ingo Schulze mit seinem Satz «Der Antifaschismus ging vom Staat aus, und das war richtig so»[8] und schreibt zum Vorwurf, in der DDR «habe es keine Vergangenheitsaufarbeitung gegeben»: «Das netteste, was ein Westdeutscher sagen wird, ist, dass in der DDR ein verordneter Antifaschismus herrschte. An guten Tagen bringen solche Bemerkungen Ostdeutsche zum Lachen, an anderen Tagen lösen sie wütende Fassungslosigkeit aus.»[9]

Auch wenn ich der Ansicht bin, dass Neiman, die eine faszinierende Moralphilosophin und anregende Gesprächspartnerin ist, die DDR hier zu leicht davonkommen lässt, hat sie, wie andere zeitgenössische Autoren auch, in ihrem Buch Gedanken entwickelt, die weit über die einfachen Kategorien von Gut und Böse, Freiheit und Unterdrückung hinausgehen.

Gleich hinter dem Haupttor des Zentralfriedhofs im Ostberliner Stadtteil Friedrichsfelde befindet sich ein von den restlichen Gräbern getrennter Abschnitt, der den Helden der Vergangenheit vorbehalten ist. Den Helden des Kommunismus, genauer gesagt. Ursprünglich stand dort das 1926 enthüllte «Revolutionsdenkmal» von Mies van der Rohe, das 1935 von den Nazis niedergerissen wurde. 1951 errichtete die DDR-Regierung auf dem Friedhof eine neue «Gedenkstätte der Sozialisten». In ihrem Zentrum befinden sich zehn im Kreis angeordnete Gräber. Mit meinem Handy mache ich Aufnahmen der Grabstätten von Rosa Luxemburg und Karl Liebknecht. Neben ihnen liegt Walter Ulbricht. Mich befällt ein leichtes Unwohlsein. Wenigstens war die Friedhofsverwaltung so vernünftig, Erich Mielke, den Leiter der Stasi, an einem abgelegeneren Flecken unterzubringen. Der Obelisk in der Mitte des Ehrenfriedhofs trägt die Inschrift: «Die Toten mahnen uns.» Wie wahr.

Wenn sich Ostdeutsche über ihre Situation beschweren, sollten sie sich an ihr Leben vor der Wende erinnern – eingesperrt, in verrußten Städten, jederzeit von Informanten überwacht. Gäbe es nicht eher Grund zu feiern?

Auch für Angela Merkel ist das Glas scheinbar halb leer: «Wir alle müssen verstehen, dass und warum die deutsche Einheit für viele Menschen in den ostdeutschen Bundesländern nicht nur eine positive Erfahrung ist», sagte sie in ihrer Rede beim Festakt zum Tag der Deutschen Einheit 2019.[10] Aber es gibt auch noch eine andere Sichtweise. Anstatt nach den Fehlern zu suchen, die gemacht wurden, könnte man sich die Frage stellen, welcher andere Staat eine Situation wie diese ohne größere Brüche bewältigt hätte. Viele andere hätten durch eine derartige Aufgabe einen Staatsbankrott erlebt und in der Folge erhebliche gesellschaftliche Umwälzungen. Trotz aller gegenwärtigen und vielleicht noch bevorstehenden Probleme haben Merkel und ihr Land etwas Außerordentliches geleistet. Hin und wieder macht die Kanzlerin darauf aufmerksam, aber sie ergeht sich nicht in Eigenlob. Immerhin ist sie länger im Amt als alle anderen Politiker Europas und des Westens. In einer Zeit der Krisen steht sie für eine Periode der Stabilität. Und so wird sie in der Geschichte eine herausragende Stellung einnehmen.

KAPITEL 3

# Multikulti

## Immigration und Selbstverständnis

Im Jahr 2015 gab der Hochkommissar der Vereinten Nationen für Flüchtlinge (UNHCR) die weltweite Zahl der Vertriebenen mit knapp 60 Millionen an. Das ist der höchste jemals vom UNHCR gemessene Wert. Im darauffolgenden Jahr mussten allein in Syrien 13 Millionen Menschen vor dem Krieg flüchten.[1] Die Hälfte suchte außerhalb des Landes Schutz, viele strandeten im Libanon, einem Land, das selbst schon seit vielen Jahren unter Gewalt, Instabilität und Armut leidet, oder in der Türkei. Auch Jordanien nahm über eine Million Menschen auf. Ähnlich viele Flüchtlinge kamen schließlich nach Europa, wo Deutschland einer großen Zahl von ihnen eine neue Heimat bot.

«Wir schaffen das»[2], erklärte Angela Merkel bekanntlich in der Sommerpressekonferenz 2015. Ähnlich äußerte sie sich wiederholt in den folgenden Wochen. Es war einer der Sätze, die ihre politische Karriere definieren sollten. Im September 2015 hieß Deutschland so viele Notleidende willkommen wie kein anderes Land in Europa. Es geschah aus Mitgefühl und um der Welt ein verändertes Deutschland zu zeigen. Merkel handelte damit aber auch als Europäerin und nicht nur als Staatschefin Deutschlands. Am Münchner Hauptbahnhof nahmen in den nächsten Tagen Hunderte Deutsche die eintreffenden Flüchtlinge mit Applaus in Empfang. Viele luden die Neuankömmlinge zu einem Willkommensessen ein. Sport- und Mehrzweckhallen wurden in Notaufnahmelager umgewandelt. Kliniken nahmen die Kranken auf, Schulen die Kinder.

Deutschland zeigte sich von seiner besten Seite. Also, was ging in der Folge schief? Ging überhaupt etwas schief? Für Angela Merkel schon. Ihre Umfragewerte sanken. Sie sah sich gezwungen, ein Datum für ihren politischen Rückzug anzugeben. Viele stellten ihre Motive in Frage, und wenn nicht ihre Motive, so doch ihre Kompetenz. Ich bin da anderer Meinung. In meinen Augen war es einer der größten Momente der deutschen Wiedergutmachung nach dem Zweiten Weltkrieg.

Die Kanzlerin und ihre Berater waren vom Ausmaß der Krise sicher überrascht worden. Seit 2014 gelangten mehr und mehr verzweifelte Flüchtlinge nach Südeuropa, viele verloren ihr Leben bei der gefährlichen Fahrt über das Mittelmeer. Das war nicht die einzige Krise, mit der die europäischen Staatsführungen damals zu kämpfen hatten. Das scheinbar endlose Gerangel um Griechenlands Finanznöte sorgte für Streit und beherrschte die Schlagzeilen. Ein 1997 in Dublin geschlossener EU-Vertrag bestimmte, dass Asylsuchende sich im ersten EU-Land, das sie erreichten, bei den Behörden melden und dort bleiben sollten. Mit anderen Worten, der EU-Staat, dessen Boden ein Migrant zuerst betrat, musste diesen Fall behandeln, auch wenn der Geflüchtete gar nicht dort bleiben wollte. So einfach diese Lösung zunächst schien, in der Praxis erwies sie sich als ebenso untauglich wie ungerecht. Im Jahr 2004 hatte die EU mit dem Aufbau von Frontex begonnen, der Europäischen Agentur für die Grenz- und Küstenwache, ein Apparat, der sich zunächst als weitgehend ineffektiv erwies. Griechenland und Italien waren der Situation nicht gewachsen.

In Sachen Immigration war die Nachkriegsbilanz Deutschlands nicht gerade vorbildlich. Von den 1950ern an stützte sich die deutsche Wirtschaft stark auf die Hilfe Tausender Gastarbeiter, die zumeist aus der Türkei und Italien kamen und im «Gastland» nur wenige Rechte hatten. Ihre Integration in die Gesellschaft war nicht vorgesehen, ihre politische Repräsentation erst recht nicht. Die Regierung zeigte keinerlei Interesse daran, etwas an ihrem Status zu ändern. Wenn es um die Staatsangehörigkeit ging, galt noch immer ausschließlich das Abstammungsprinzip. Und so stand in starkem Kontrast dazu die Politik der offenen Tür gegenüber den sogenannten Wolgadeutschen. Nachdem ihnen während Gorbatschows Perestroika signalisiert worden war, sie könnten jederzeit ausreisen, wurde Deutschland zur neuen Heimat von über zwei Millionen Aussiedlern aus den Ländern der ehemaligen Sowjetunion, Emigranten, die aufgrund ihrer Abstammung umstandslos aufgenommen wurden. Vor dem Hintergrund der deutschen Geschichte ist es schon verwunderlich, dass so lange nach dem Prinzip des *jus sanguinis*, des Blutrechts, über die deutsche Staatsbürgerschaft entschieden wurde.

Erst im Jahr 2000 verabschiedete die Regierung Schröder ein Gesetz, das Kindern ausländischer Eltern, die in Deutschland geboren und aufgewachsen waren, unter bestimmten Voraussetzungen das Recht auf deutsche Staatsbürgerschaft zusprach.

Der Richtungswechsel in der deutschen Einwanderungspolitik hat zahlreiche und komplexe Gründe. Einer davon ist, dass eine neue Generation Mitte-links orientierter Politiker ihr Land diverser und offener erscheinen lassen wollte. Zum Teil sind sie demografischer Natur, da seit langem die Zahl der Personen im Erwerbsalter ab- und die der Rentner zunimmt, also schlicht ein Arbeitskräftemangel droht. Das macht sich besonders im Gesundheitswesen, in sozialen Einrichtungen und in der Bauwirtschaft bemerkbar. Angesichts der anhaltend niedrigen Geburtenrate und der alternden Bevölkerung empfehlen Experten für Demographie die Aufnahme von einer halben Million Menschen pro Jahr. Ein neues Arbeitsgesetz für Immigranten mit der wohlklingenden Bezeichnung *Fachkräftezuwanderungsgesetz* ermöglicht qualifizierten Arbeitssuchenden, beispielsweise aus der IT-Branche, einen sechsmonatigen Aufenthalt in Deutschland zur Jobsuche, vorausgesetzt, sie können dies aus eigenen Mitteln bestreiten. Das Gesetz eröffnet Asylsuchenden die Aussicht auf eine dauerhafte Aufenthaltsgenehmigung, wenn sie Arbeit finden und ausreichende Deutschkenntnisse nachweisen. Seit 2015 hat die Hälfte aller Migranten, die mit der großen Flüchtlingswelle kamen, eine Arbeit gefunden oder eine Ausbildung begonnen. Ist das nun ein Erfolg oder Fehlschlag? Meiner Meinung nach kann sich die Bilanz sehen lassen. Laut der OECD steht Deutschland heute auf Platz zwei der bevorzugten Immigrationsziele (nach den USA, die trotz der Trump-Ära immer noch den ersten Rang einnehmen).[3] Deutschland führt vor Australien, das die Zugbrücken schon vor Jahren hochgezogen hat, sogar noch vor Kanada, das lange Zeit so stolz auf seine Willkommenskultur war.

Zwei Bilder aus den ersten Tagen des Septembers 2015 gingen um die Welt. Wer kennt es nicht, das Foto des toten zweijährigen Alan Kurdi, der auf dem Bauch liegend im Sand eines Touristenstrands unweit des türkischen Ferienorts Bodrum aufgefunden wurde. Wenige Tage später, am 5. September, entstand ein anderes Bild, fast 4000 Kilometer entfernt am Hauptbahnhof von München. Hunderte Deutsche waren mit Transparenten gekommen, auf denen «Refugees welcome» stand. Sie hatten Blumen, Geschenke und Lebensmittel für die ersten Flüchtlinge dabei, denen erlaubt worden war, über Österreich aus Ungarn nach Deutschland einzureisen. Der Überschwang an Mitgefühl wurde live im Fernsehen übertragen. In den sozialen Medien gingen die Bilder sogleich um die ganze Welt. Endlich hatten die Flüchtlinge jemanden gefunden, der sie aufnahm. Sie hatten das Schlimmste hinter sich, so schien es wenigstens.

Während die Zahl der Flüchtlinge, die Lampedusa, Kos und andere Inseln und Häfen im Süden Europas ansteuerten, außer Kontrolle zu geraten schien, hatten andere Menschen die Route über den Balkan gewählt. Von Serbien aus versuchten sie, nach Ungarn zu kommen, trafen dort an der Grenze aber auf hastig hochgezogene Stacheldrahtzäune, die von Hunden bewacht wurden. Wer sie zu überwinden versuchte, bekam Tränengas, Pfefferspray und Wasserwerfer zu spüren. Die nationalistisch-rechtspopulistische Regierung Ungarns zeigte sich unerbittlich und stellte die Flüchtlinge als Horde von Invasoren dar. Ihr Präsident, Viktor Orbán, einst antikommunistischer Dissident, war der erste europäische Staatsführer, der von den wachsenden Ressentiments in der Bevölkerung profitierte – und sie auch noch anstachelte. Merkel, die sofort erkannte, was vor sich ging, entschloss sich zu raschem Handeln. Sie ordnete an, die Tore Deutschlands zu öffnen, und schon am ersten Wochenende, dem 5./6. September, kamen etwa 20 000 Menschen, zumeist aus Syrien, über die Grenze. An Sammelstellen gingen von Einzelhandel und Privatleuten so viele Spenden an Nahrung, Kleidung, Hygieneartikeln und Spielzeug ein, dass die Polizei die Bevölkerung aufforderte, nichts mehr zu bringen.

Dies war die deutsche Willkommenskultur in Aktion. Laut dem Institut für Demoskopie Allensbach beteiligte sich in den ersten Monaten mehr als die Hälfte der Bevölkerung im Alter von über 16 Jahren an der Hilfe. Die einen spendeten Geld, andere leisteten praktische Arbeit, etwa als Übersetzer oder bei Behördengängen. In den darauffolgenden Wochen kamen Hunderttausende Menschen ins Land, mit dem Zug, in Bussen und auch zu Fuß. Die meisten waren völlig mittellos, viele krank. Unter ihnen befanden sich auch zahlreiche alleinreisende Minderjährige, die vom Krieg und den Strapazen traumatisiert waren.

Es ist eine Schande, dass sich kein anderes europäisches Land ähnlich großzügig zeigte. Europa wollte die Schotten dichtmachen. Frankreich und England erklärten sich widerstrebend bereit, mehr Menschen aufzunehmen, allerdings nur über einen längeren Zeitraum gestaffelt. Das half nicht, das unmittelbare Problem zu lösen. Die Reaktion der Briten hätte kaum unterschiedlicher ausfallen können als die der Deutschen. Eine Kolumnistin des *Mirror* fasste es so zusammen: «Ich kann mir einiges vorstellen, aber nicht, dass Hunderte Briten *Refugees welcome* auf Bettlaken schreiben und damit von den Klippen bei Dover winken.»[4] Sie fügte hinzu, dass Deutschland bereits vor dieser Welle laut UN-Statistiken den drittgrößten Anteil an Migranten der Welt hatte. Das Vereinigte Königreich stand an neunter Stelle. «Trotzdem ist bei uns die Angst vor Migranten am größten.» Die Deutschen hingegen hätten die Lehren aus ihrer Vergangenheit gezogen, «sie haben sich in Demut geübt und sich ehrliche Mühe gegeben, sich von ihrer freundlichen Seite zu zeigen. Wir hingegen haben uns einfach über sie lustig gemacht und uns vor der Welt als die moralisch Besseren dargestellt. Und nun laufen wir ernsthaft Gefahr, das Recht auf beides zu verlieren.»[5] Von 2014 bis zum Juli 2019 ersuchten in Deutschland mehr als 1,4 Millionen Menschen um Asyl, was beinahe die Hälfte aller Anträge in der gesamten EU und sechs Mal so viele wie in Frankreich ausmachte. Das Vereinigte Königreich nahm so gut wie keine dieser Migranten auf, sondern verschanzte sich hinter den ständig erhöhten Zäunen in den französischen und belgischen Häfen. Als im Dezember 2018 einige Iraner mit Schlauchbooten an den Stränden von Kent landeten, erklärte der damalige Innenminister Sajid Javid das zu einem «schweren Vorfall». Er kommandierte zwei Schiffe des Grenzschutzes aus dem Mittelmeer ab, um die Küste zu bewachen. Die britischen Medien stellten dieses Vorgehen als einen entschlossenen und klaren Schritt dar und nicht als die entlarvende Symbolpolitik, die es in Wirklichkeit war.

Vor der Krise des Jahres 2015 fand die deutsche Immigrationspolitik keine klare Linie. Die von einer großen Koalition geführte Bundesregierung hatte versucht, Asylsuchende aus Albanien, Montenegro und dem Kosovo mit dem Argument an der Einreise zu hindern, dass ihre Heimatstaaten «sichere Herkunftsländer» seien. Einige von SPD und Grünen geführte Bundesländer blockierten dies im Bundesrat.

Im Juli 2015 noch hatte Merkel anlässlich eines Bürgerdialogs in einer Rostocker Schule für einige Aufregung vor allem in den sozialen Medien gesorgt, weil die 14-jährige Palästinenserin Reem Sahwil während der ausführlichen Antwort der Kanzlerin auf ihre Frage zu weinen begann. Es ging um die Möglichkeiten der Schülerin, ihren Aufenthalt in Deutschland zu sichern, die Merkel in der ihr eigenen nüchternen Art zwar korrekt, für den konkreten Moment aber vielleicht zu sachlich darstellte. Ihre Versuche, das Mädchen zu trösten, konnten die Situation nicht mehr wirklich retten.

Am nächsten Tag besuchten Journalisten Reems Schule in Rostock. Wie sie herausfanden, hatte das Flüchtlingsmädchen ein Einreisevisum zur medizinischen Behandlung bekommen. Ein Gehfehler, eine Folge davon, dass sie als Frühgeburt zur Welt gekommen war, hatte sich nach einem Autounfall im Alter von fünf Jahren noch verschlimmert. Bis zu ihrer Ankunft in Deutschland hatte sie kaum die Schule besuchen können und sprach natürlich kein Deutsch. Nun war sie eine der Besten ihrer Klasse. Merkel wurde vorgehalten, sich ihr gegenüber takt- und herzlos verhalten zu haben, sie hätte gewirkt, als sei sie in Gedanken ganz woanders. Die Kanzlerin war gerade von einem wenig harmonisch verlaufenen Euro-Gipfel zur Finanzkrise Europas zurückgekehrt. Zwar hatte man sich auf einen Schuldenerlass für Griechenland geeinigt, doch nicht nur der griechische Ministerpräsident, das ganze griechische Volk fühlte sich durch Merkel und Deutschland gedemütigt. Das Ansehen der Kanzlerin in der Welt war gesunken.

Beeinflusste das ihre nächsten Schritte? Vermutlich ja. Es war nicht die einzige Kritik, die an ihr nagte. Die deutsche Presse bewertete ihren Führungsstil fast unisono als uninspiriert und risikoscheu. Das mag dazu beigetragen haben, dass sie einen Monat später, als sie im Fernsehen Bilder von Stacheldrahtsperren an der ungarischen Grenze und von verzweifelten Flüchtlingen sah, alle Vorsicht fahren ließ und ihrem Herzen folgte. Sie unternahm keinen Versuch, diese Entscheidung mit ihren europäischen Partnern abzustimmen oder die Zustimmung des Parlaments einzuholen. Sie ließ die Flüchtlinge einfach ins Land. Und sie begründete es moralisch. «Ich muss ganz ehrlich sagen, wenn wir jetzt anfangen, uns noch entschuldigen zu müssen dafür, dass wir in Notsituationen ein freundliches Gesicht zeigen, dann ist das nicht mein Land»[6], erklärte sie.

In *Die Getriebenen* behauptet der Journalist Robin Alexander, Merkel hätte zunächst mit dem Gedanken gespielt, eine harte Linie zu fahren, sich aber angesichts von Umfragen anders besonnen. Auf der Höhe der globalen Welle des Mitgefühls, bevor sich andere Interessen wieder in den Vordergrund schoben, sprachen sich 93 Prozent der Deutschen für eine liberalere Einwanderungspolitik aus.

Der Chef eines kleinen Unternehmens aus Leipzig, den ich traf, meinte, in Deutschland herrsche immer das Gefühl, irgendeine Schuld begleichen zu müssen – Deutschland dächte unentwegt, es müsse die Welt, oder zumindest das Klima, retten. Oder eben Menschen aufnehmen. So sieht es auch Andreas Rödder, Professor für Neueste Geschichte an der Universität Mainz und Autor eines Buchs mit dem Titel *Wer hat Angst vor Deutschland?*. In seinen Augen war die Aufnahme der Migranten «eine große moralische Wiedergutmachung für Deutschlands Kriegsschuld».

Doch welche Motive Merkel damals auch bewogen haben, ob sie nun von moralischen Überlegungen, kurzfristigem politischem Kalkül oder von Gedanken an den Lauf der Weltgeschichte beeinflusst war: Sie hat die Grenzen geöffnet und Deutschland dadurch verändert.

Je stärker Merkel kritisiert wurde, desto entschlossener wurde sie. «Ich habe keinen Plan B», erklärte sie bei Anne Will. «Meine verdammte Pflicht und Schuldigkeit besteht darin, dass dieses *Europa* einen gemeinsamen Weg findet.» Sie spürte zwar, dass die öffentliche Unterstützung nachließ und die Einigkeit in Europa bröckelte, doch das konnte sie nicht zulassen.

Vorbehalte gegenüber Flüchtlingen wurden damals immer noch weitgehend nur hinter vorgehaltener Hand geäußert. Die zahlreichen sexuellen Übergriffe gegen Frauen in der Silvesternacht 2015 in Köln änderten die Stimmung im Land und brachten die unterdrückten Ressentiments an die Oberfläche. In den ersten Tagen wurde nur bruchstückhaft über die chaotischen Ereignisse berichtet. In einer Pressemitteilung der Polizei vom Neujahrstag war sogar von «ausgelassener Stimmung» und von «weitgehend friedlichen»[7] Feiern die Rede. Doch am selben Tag machten auf Facebook Berichte über sexuelle Übergriffe rund um den Hauptbahnhof und den Kölner Dom die Runde. Am 4. Januar änderte der Polizeichef die Taktik. Letztlich lagen insgesamt fast 500 Anzeigen wegen sexueller Übergriffe vor, die von Belästigungen und Berührungen bis hin zu Vergewaltigung reichten.[8] Dies hatte unmittelbare Folgen. Weithin sprach man nun von «unseren Frauen» und von der Notwendigkeit, sie zu verteidigen. Warum kamen die Tatsachen nur Stück für Stück ans Tageslicht? Einige Jahre später meinte ein erfahrener Reporter auf einer Fortbildungsveranstaltung für Journalisten in Berlin, seine Zunft sei zu langsam und zu vorsichtig gewesen im Zusammenhang mit Berichten über Probleme mit Flüchtlingen. Zumindest am Anfang – damit habe man bestehendes Misstrauen noch geschürt.[9]

Eine Scheu in liberalen Kreisen, die Dinge beim Namen zu nennen, ließ sich nicht nur bei diesem Vorfall in Deutschland beobachten. Und sie beschränkte sich nicht auf die Medien. Auch die Polizei und die verantwortlichen Stellen der Stadt neigten eher dazu, alles herunterzuspielen. Vergleichbares gab es damals überall in Europa, so zum Beispiel in der nordenglischen Stadt Rotherham. Dort hatten von den späten 1980ern bis Anfang der 2000er Jahre hauptsächlich muslimische Männer zumeist weißen, minderjährigen Mädchen aus prekären Verhältnissen systematisch nachgestellt und sie sexuell missbraucht. Selbst auf einen Bericht der *Times* hin schritten die Behörden nicht ein. Der offizielle Bericht war schockierend, er enthüllte, wie eine Mischung aus Ignoranz, Inkompetenz, Sexismus und dem Unwillen, Vorwürfe gegen eine ethnische Minderheit zu erheben, dazu geführt hatte, das Problem über Jahre zu vernachlässigen.

In den 1970er und 1980er Jahren glaubte man in Deutschland, das Problem der politischen Gefahr von Rechtsaußen ein für alle Mal gebannt zu haben. Es galt, dem rechten Spektrum eine Stimme zu geben, dabei aber stets im allgemein respektierten Bereich zu bleiben. So sah es jedenfalls Franz Josef Strauß. Die CSU spielte eine entscheidende Rolle im Konzert der öffentlichen Meinung. Sie war nicht nach jedermanns Geschmack, aber hielt sich immer im Rahmen des Akzeptierten, ohne jemals die Verfassung herauszufordern. Davor hatte sich Strauß stets gehütet – rechts von der Union dürfe es keine demokratisch legitimierte Partei geben, so sein Credo.[10]

Lange Zeit funktionierte das auch, von den Auftritten der NPD, DVU oder Republikaner einmal abgesehen – bis die AfD auf der Bildfläche erschien, die «Alternative für Deutschland». Sie hatte ihren Durchbruch mit der Europawahl 2014. Innerhalb weniger Monate kam sie über die Fünf-Prozent-Hürde der Landesparlamente von Sachsen, Thüringen und Brandenburg, verlor aber zunächst aufgrund innerer Zerstrittenheit gehörig an Fahrtwind.

Die Flüchtlingskrise holte die AfD aus der Bedeutungslosigkeit zurück und machte sie zu der Partei, die sie heute ist. Sie bastelt ein Narrativ, in dem sie als Fürsprecherin der «hart arbeitenden Bevölkerung» agiert, deren Sorgen sonst niemand berücksichtigt, und in dem das linksliberale Establishment in eine gigantische Vertuschung verstrickt und ohnehin den etablierten Medien nicht zu trauen ist. Damit ist sie nicht allein. Ähnliche Ansichten wurden auch von Trump verbreitet und durch die Anhänger des Brexit geschürt. Während zu Beginn des neuen Jahrtausends in anderen europäischen Ländern populistische Parteien wie die französische Front National oder die niederländische Partij voor de Vrijheid (PVV) starken Zulauf hatten, war man in Deutschland bislang überzeugt gewesen, die Lehren aus dem Krieg gezogen zu haben und immun gegen die Bauernfängerei von Extremisten zu sein.

Die Bundestagswahl 2017 führte zu einem politischen Erdbeben. Eigentlich hätte Merkels vierter Wahlsieg in Folge die Schlagzeilen beherrschen sollen. Stattdessen redeten alle nur vom Überraschungserfolg der AfD. Sie hatte bundesweit 12,6 Prozent der Stimmen und damit 94 Parlamentssitze errungen, mehr als die Grünen und die FDP. Durch die Weigerung der FDP, eine Koalition mit der CDU und den Grünen zu bilden, war Merkel gezwungen, ein weiteres Mal eine große Koalition mit der SPD einzugehen. Die AfD war nun die stärkste Oppositionspartei. Die meisten Deutschen waren sich sicher gewesen, dass so etwas niemals, unter keinen Umständen, geschehen könne. Dies war nicht nur eine unmittelbare Bedrohung des politischen Systems, es erschütterte auch das Selbstverständnis des Landes.

Ihre Anhänger projizierten alles Mögliche in die Protestpartei. Sie wurde ein Sammelbecken für Unzufriedene jedweder Couleur, ob es nun um die Wirtschaftslage oder das deutsche Selbstverständnis ging. Doch wieso hatte sie nicht nur im Osten, sondern auch im Westen Zulauf? Das Bild des typischen AfD-Wählers – die Älteren, die Abgehängten in den kleinen Städten im Osten Deutschlands – erzählt nur die halbe Geschichte. Viele Unterstützer aus der jüngeren Generation im Osten haben vergleichsweise gut bezahlte Jobs in der Industrie oder sogar sichere Stellen an Universitäten. Man könnte fast meinen, sie wollten sich verspätet für die Probleme ihrer Eltern in den unruhigen Jahren Anfang der 1990er rächen, als sie selbst noch gar nicht auf der Welt waren. Generell konservativ und risikoscheu, befürchten sie, dass die Globalisierung ihre Probleme weiter verschärft.

Die Rechtsextremen, die schon immer zur Gewalt neigten, sind in ihren Aktionen brutaler geworden, dennoch schienen die lokalen Polizeikräfte anfangs nur zögerlich auf deren Einschüchterungsversuche zu reagieren. Das war vielleicht kein Zufall, besteht doch seit langem der Verdacht, dass die Polizei von rechts unterwandert ist. Im Oktober 2020 war einem Bericht des Bundesamtes für Verfassungsschutz zu entnehmen, dass in mehr als 1400 Fällen Soldaten, Polizisten und

Sicherheitsbeamte extremistischer Aktionen verdächtigt wurden. Der Bericht ging davon aus, dass die tatsächliche Zahl der Extremisten mit hoher Wahrscheinlichkeit größer war als bislang bekannt und warnte vor den Gefahren, die auch von einer nur kleinen Zahl gut ausgebildeter, radikalisierter Offiziere ausgehen könnten. Thomas Haldenwang, Präsident des Bundesverfassungsschutzes, sprach in diesem Zusammenhang von einer «erheblichen Gefahr».

Der jüngste Verfassungsschutzbericht nennt die Zahl von 24 000 bekannten Rechtsextremisten, die Hälfte davon soll gewaltbereit sein. Eine im Rahmen einer Fernsehdokumentation durchgeführte Umfrage ergab, dass die Hälfte aller Kommunalpolitiker schon Hassmails und andere Bedrohungen erhalten hatte. Acht Prozent der Gemeinden meldeten tätliche Angriffe auf einheimische amtliche Vertreter.[11]

Die Drohungen und die Gewalt begannen im Herbst 2015 stark zuzunehmen. Henriette Reker, Kandidatin für das Amt der Kölner Oberbürgermeisterin, wurde bei einem Attentat schwer verletzt. Andreas Hollstein, CDU-Bürgermeister von Altena, wurde mit einem Messer attackiert. Und mit dem furchtbaren Mord an Walter Lübcke wurde im Juni 2019 die Grenze endgültig überschritten. Die AfD distanzierte sich zwar formell von der Tat, warf aber den etablierten Medien vor, solche Ereignisse zum Vorwand zu nehmen, ihre Partei in ein schlechtes Licht zu rücken. «Hätte es die illegale Grenzöffnung durch Kanzlerin Angela Merkel ... mit dem unkontrollierten und bis heute andauernden Massenzustrom an Migranten nicht gegeben, würde Walter Lübcke noch leben»[12], erklärte Martin Hohmann, Bundestagsabgeordneter der Partei. Der Mord löste auch Nachdenklichkeit beim rechten Flügel der CDU aus. Einige ihrer Spitzenpolitiker, darunter solche mit Ambitionen für das Kanzleramt, hatten in den Monaten zuvor beim Thema Flüchtlinge ebenfalls mit populistischen Thesen gespielt.

Die AfD verstand es gut, unter dem Deckmantel der Opferrolle die Bevölkerung aufzuhetzen. Nach ihrer Darstellung hat sie einen «Meinungskorridor» eröffnet, um dort Fragen des deutschen Selbstverständnisses, der Kultur und Immigration zu diskutieren.

Ähnliche Probleme findet man in praktisch allen westlichen Staaten – Mordanschläge auf Politiker (Jo Cox in Yorkshire, Gabby Giffords in Arizona), die Spaltung der Gesellschaft durch sich selbst bestätigende Meinungsblasen, die Feigheit von Unternehmen, Stellung zu beziehen, und die Rolle der Medien bei der Verbreitung extremer Positionen. Für Deutsche ist es in dieser hochexplosiven Umgebung besonders schwierig, die Grenzen zwischen dem Illegalen und dem bloß Geschmacklosen und Unerfreulichen, aber Legalen zu wahren. Sie stehen hinter dem Grundrecht auf Meinungsfreiheit und tun ihr Bestes, es zu stützen, aber Anstand wird dennoch großgeschrieben.

Im Vereinigten Königreich hatte Dominic Cummings, Chefberater von Boris Johnson, der in seinem Blog regelmäßig in ungeschminktem Ton über den «blob» herzieht, wie er Staatsdiener, die BBC und andere gerne abfällig nennt, verkündet, er suche «Spinner und Außenseiter» für die Regierungsarbeit, bevorzugt Datenspezialisten. So kam auch Andrew Sabisky zu einem Job als Regierungsberater. In einem Posting aus dem Jahr 2014 hatte Sabisky Politikern empfohlen, bei den Einwanderungsgesetzen doch auch «die unleugbar vorhandenen Intelligenzunterschiede zwischen den Rassen»[13] zu berücksichtigen. Im selben Jahr behauptete er, dunkelhäutige Menschen hätten im Schnitt einen niedrigeren IQ als Weiße. Auf sein Konto geht auch der Vorschlag, Empfänger von Sozialleistungen dazu anzuhalten, weniger Kinder in die Welt zu setzen als Menschen mit Arbeit und einer eher «gesellschaftstauglichen Persönlichkeit». Die Downing Street verteidigte zunächst seine Einstellung, doch schließlich musste er zurücktreten. Für die Entourage von Boris Johnson und weite Teile der Medien war auch dies nur Teil des üblichen politischen Gezänks. Man stelle sich vor, was in Deutschland los wäre, wenn jemand mit auch nur annähernd solchen Ansichten einen wichtigen Posten erklommen hätte. Es hätte einen riesengroßen Aufschrei gegeben, nicht nur im eigenen Land, sondern in der ganzen Welt, nicht zuletzt bei den Briten, die liebend gerne auf die Deutschen eindreschen.

Merkels Entscheidung, die Grenzen zu öffnen, hat Deutschland für immer verändert. Zumindest darin stimmen alle überein.

Doch so unermüdlich sie ihre Politik der Grenzöffnung verteidigte, schließlich änderte sie ihren Kurs. Im März 2016 vereinbarte sie mit der Türkei, Einwanderer, die über Griechenland gekommen waren und auf ihrem Weg nach Deutschland dort keinen Asylantrag gestellt oder eine Ablehnung erhalten hatten, aufzunehmen. Im Gegenzug bekam die Türkei die visafreie Einreise in den Schengenraum für ihre Bürger und sechs Milliarden Euro Hilfe zur Unterstützung der Betreuung der Flüchtlinge. Dieses Arrangement ist seitdem wiederholt ausgebaut worden.

Ist von multiethnischen Gesellschaften die Rede, denkt man automatisch zuerst an die Vereinigten Staaten, obwohl auch andere Länder mit langer Kolonialgeschichte wie Frankreich (Westafrika und Maghreb) und das Vereinigte Königreich (indischer Subkontinent, Ostafrika und Karibik) eine starke multiethnische Identität entwickelt haben. Deutschland hat man hier seltener im Blick, obwohl die Tatsachen für sich sprechen, und das schon lange vor der Krise des Jahres 2015. Heute haben mehr als 20 Millionen Deutsche, ein Viertel der Bevölkerung, einen Migrationshintergrund. Nur 15 Prozent davon kamen als Asylbewerber, der Rest als normale Migranten. Ungefähr zwei Drittel der Einwanderer nach Deutschland kommen aus der EU. Im Unterschied zu Brexit-England herrschen in der deutschen Bevölkerung keine übermäßig starken Vorbehalte gegenüber Osteuropäern – zumindest soweit sie in der Lage sind, ihren Lebensunterhalt eigenständig zu bestreiten. In Deutschland leben über 3 Millionen Menschen mit türkischen Wurzeln.

Ich sitze mit Cihan Sügür in der Kantine des Stammwerks von Porsche in Zuffenhausen. Er macht eine glänzende Karriere im Unternehmen, ein Musterbeispiel für Integration, Erfolg und harmonisches Zusammenleben. Als Corporate Influencer gehört er zum IT-Team der Zentrale. Zuvor war er schon bei IBM, der Deutschen Bahn und Olympus beschäftigt – und er ist erst 29 Jahre alt. Sein Großvater war Bergmann aus der Türkei, einer der ersten Gastarbeiter in den 1950er Jahren. Ein Teil seiner Familie stammt aus Georgien. Sügür wurde schon in jungen Jahren politisch aktiv. Als Schüler schrieb er einen offenen Brief an Politiker und Fernsehmoderatoren, in dem er sich über die Weigerung der Regierung beschwerte, türkischstämmigen Deutschen (im Unterschied zu Angehörigen anderer Nationen) eine doppelte Staatsbürgerschaft zu gewähren. So erhielt er die Einladung, in einer Jugendsendung des ZDF aufzutreten. Schließlich unternahm er einen für junge Menschen aus ethnischen Minderheiten in Deutschland ungewöhnlichen Schritt: Er trat in die CDU ein. Auf Einladung der Konrad-Adenauer-Stiftung nahm er an einer Delegation nach Israel teil. So weit, so erbaulich. Als er jedoch in der CDU das «Bündnis der Muslime» gründete, dem sich etwa 30 der rund 1000 muslimischen Mitglieder der Union anschlossen, wendete sich die Stimmung gegen ihn. «Die wollen die Partei kapern», hieß es auf einmal hinter vorgehaltener Hand. Und wen sie mit «die» meinten, ist klar.

Doch Sügür ließ sich nicht unterkriegen und setzte seinen erfolgreichen Weg fort. Er ist ein Global Shaper auf dem Weltwirtschaftsforum und gründete dessen Stuttgart Hub. Außerdem arbeitet er für eine Stiftung, die junge Migranten fördert. Sügür ist ein klassischer Immigrant der dritten Generation, voll integriert und 100-prozentig in Stuttgart zu Hause – woanders zu leben, könnte er sich nicht vorstellen. Dennoch fragt er sich wie so viele andere, ob er wirklich erwünscht ist. Je mehr man sich integriere, desto größer der Konflikt, bemerkt er nüchtern. Wer an den Kern von Machtstrukturen rühre, werde zur Bedrohung. Er glaubt, dass er niemals zu den «Biodeutschen» gerechnet werden wird. Wie der Fußballstar Mesut Özil und mehr als eine Million andere wird wohl auch Sügür für manche immer ein «Plastikdeutscher» bleiben – ein Begriff aus der rechten Szene.

Ende 2019 kündigte der chinesische Dissident Ai Weiwei an, Deutschland verlassen zu wollen und nach Cambridge umzusiedeln. In die Reihe von Gründen, die er anführte, gehörte auch Unhöflichkeit. Die Taxifahrer seien hier besonders unfreundlich. Na schön, denkt man, ist das alles? Doch so oberflächlich war seine Kritik nicht. Deutschland, sagte er, scheue sich, China wegen seines Vorgehens in Hongkong zu kritisieren, weil es die Handelsbeziehungen nicht gefährden wolle (womit er nicht ganz unrecht hat). Und dann schlug er mit der bewährten Nazi-Keule zu. «Deutschland ist ein Land, das es sehr genau nimmt. Seine Menschen empfinden es als bequem, unterdrückt zu werden. Das kann man auch in China beobachten. Sobald man sich einmal daran gewöhnt hat, kann man das angenehm finden. Und man spürt, welche Wirkung das hat, was für ein Bild das produziert, ein Gefühl von Macht, verstärkt durch den Eindruck einer Gemeinschaft.» Und er fuhr fort: «Sie tragen heute einen anderen Anzug: nicht den, in dem sie in den 1930ern auftraten, aber einen, der immer noch dieselbe Funktion erfüllt. Sie identifizieren sich mit dem Kult dieses autoritären Denkens.» Auf die direkte Frage, ob er das Deutschland von heute mit der Nazizeit vergleichen wolle, antwortete er: «Faschismus ist das Konzept, eine Ideologie über andere zu stellen, und der Versuch, diese Ideologie dadurch rein zu halten, dass man andere Denkweisen herabwürdigt. Das ist Nazidenken. Und genau dieses Nazidenken findet sich auch heute im täglichen Leben Deutschlands.»[14]

Dieses Interview mit dem *Guardian* verunsicherte die Deutschen, verletzte sie aber auch. Deutschland hatte dem Künstler den roten Teppich ausgerollt. Gewiss, er hat jedes Recht, seiner Wege zu gehen, aber was brachte ihn dazu, solche Anschuldigungen zu erheben? Nicht dass die Deutschen nicht genügend Selbstkritik übten, das tun sie beinahe täglich. Sie wissen nur zu gut, dass die Bedrohung durch den

Extremismus real ist. Die Turbulenzen der vergangenen fünf Jahre waren für viele wie ein Schock. Sie mussten feststellen, dass ihr Land, von dem sie so gerne glauben wollten, es sei immun gegen Rassismus und religiös motivierten Hass, genauso anfällig dafür ist wie jedes andere auch. Aber was, so ihre Frage, hatte die fortlaufende Selbstkritik in der Vergangenheit dann gebracht? Waren all diese Bemühungen vergebens gewesen?

Die größte ihrer Ängste betrifft die Beziehung des Landes zu seiner jüdischen Gemeinde. Viele Deutsche hatte es mit Stolz erfüllt, dass ihr Land allmählich wieder von Juden auf der ganzen Welt akzeptiert wurde. Nirgendwo in Westeuropa war die jüdische Gemeinde in den vergangenen Jahrzehnten so schnell gewachsen wie in Deutschland, Berlin war wieder ein wichtiges Zentrum jüdischen Lebens. Die Menschen kamen hauptsächlich aus Israel, aber auch aus den Ländern der ehemaligen Sowjetunion und anderen Ländern, in denen sich Juden bedroht fühlten. Insgesamt ist die Zahl der in Deutschland lebenden Juden immer noch niedrig, sie beträgt kaum mehr als 100 000. In den vergangenen Jahren, seit dem Anstieg des nationalistisch gefärbten Populismus in den USA und Europa, haben sich antisemitische Vorfälle, Beschimpfungen und tätliche Angriffe auf Juden verstärkt, auch in Deutschland. Laut einem Bericht des Innenministeriums nahm die Zahl solcher Verbrechen 2018 um 20 Prozent zu, wobei neun von zehn Fällen auf das Konto von Rechtsextremisten gingen. Dass die Zahlen in Frankreich noch höher sind, kann keineswegs beruhigen. Gerade der Anschlag auf die Synagoge in Halle im Oktober 2019 verstörte viele nachhaltig.

Im Jahr 2018 schuf die Bundesregierung das neue Amt

des Antisemitismus-Beauftragten. So begrüßenswert das ist, so bedrückend ist es, dass dies überhaupt nötig war. Im Mai des darauffolgenden Jahres erklärte der neue Amtsinhaber Felix Klein in einer seiner ersten öffentlichen Äußerungen: «Ich kann Juden nicht empfehlen, jederzeit überall in Deutschland die Kippa zu tragen. Das muss ich leider so sagen.»[15] Er habe seine Meinung «im Vergleich zu früher leider geändert» und begründete dies mit der «zunehmenden gesellschaftlichen Enthemmung und Verrohung»[16], die dem Antisemitismus einen fatalen Nährboden böten. Deshalb fordere er die Gesetzeshüter zur besonderen Wachsamkeit auf. Klein glaubte, damit verantwortlich zu handeln. Doch man warf ihm Übertreibung und Schuldzuweisung an die Opfer vor, was beides gewiss nicht in seiner Absicht lag. Seine Lageschilderung löste in Deutschland wie im Ausland Sorge aus. Es wurde zu Demonstrationen gegen den Antisemitismus aufgerufen. Die *Bild*-Zeitung druckte eine Kippa, die man sich ausschneiden und aufsetzen konnte. Neben anderen Zeitungen äußerte sich auch die *New York Times* aufs höchste alarmiert. Deutschland zeige sich wieder von seiner schlimmsten Seite, hieß es. Juden seien dort nicht sicher.

Im Dezember 2019 besuchte Merkel anlässlich des 75. Jahrestages der Befreiung das Vernichtungslager Auschwitz-Birkenau. Begleitet vom Präsidenten des Zentralrats der Juden in Deutschland, Josef Schuster, schritt sie durch das Tor mit der bedrückenden Inschrift *Arbeit macht frei*, bevor sie in einer Schweigeminute verharrte. «An die Verbrechen zu erinnern, die Täter zu nennen und den Opfern ein würdiges Gedenken zu bewahren – das ist eine Verantwortung, die nicht endet. Sie ist nicht verhandelbar; und sie gehört untrennbar zu unserem Land»[17], sagte sie bei dieser Gelegenheit.

Im Februar 2020 kam es zu einem der bislang schwersten Anschläge. Diesmal waren die Opfer Migranten, hauptsächlich Muslime. Neun Menschen starben, als ein Mann in einer Shisha-Bar in Hanau wild um sich schoss. Wie sich herausstellte, hatte er seit langem rassistische Äußerungen im Internet gepostet. Die Reaktion auf den Anschlag waren Trauer und Entsetzen gleichermaßen. Die *Frankfurter Allgemeine Zeitung* formulierte eine von vielen geteilte Ansicht: «Der Staat und seine Organe, Polizei, Verfassungsschutz, Geheimdienste, müssen jetzt aufrüsten, technisch, aber auch mental; sie müssen sich, wie Israel, bis an die Zähne bewaffnen und wachsam sein, weil die hier lebenden Migranten und Ausländer auch von Todfeinden umgeben sind.»[18] Es mag ein Einzeltäter gewesen sein, aber Politiker und Medien verwiesen auch auf die Atmosphäre der Intoleranz. Die Sicherheitsorgane wurden angewiesen, sich neu auszurichten. Sogar Innenminister Horst Seehofer erklärte: «Die größte Gefahr kommt von rechts.»[19]

Mit der Zunahme von Populismus und Nationalismus überall auf der Welt und mit der AfD im eigenen Haus stellt sich in Deutschland die Frage nach der Belastbarkeit der Demokratie, insbesondere der eigenen. In politischen Diskussionssendungen wird die Frage erörtert, ob Verhältnisse wie in den 1930er Jahren wiederaufleben. Und schon ist in Diskussionen wieder häufiger von einem «deutschen Sonderweg» die Rede.

Für ausländische Journalisten bedeuten Nachrichten über Rechtsextremismus in Deutschland, insbesondere wenn es zu Gewalttaten kommt, stets Schlagzeilen. Das gilt heute nicht weniger als früher. Während meiner Zeit in Bonn Mitte der 1980er Jahre hatte ich stets eine einfache Lösung zur Hand, wenn es – was selten vorkam – nichts Nennenswertes zu berichten gab. Ich durchkämmte die Lokalpresse nach irgendeiner Geschichte, in der Neonazis vorkamen. Die war immer schnell gefunden: Ein paar Krakeeler hatten in Bochum oder Bielefeld Hitler-Lieder gesungen oder sich mit Antifa-Leuten geprügelt. Meine Zeitung nahm mir solche Berichte dankbar ab, insbesondere, wenn auch zu Hause nichts los war. Jeder Vorfall dieser Art ist abstoßend, hier ist kein Platz für Nachsicht. Doch worauf es immer – ob in der Vergangenheit oder heute – ankommt, ist der Kontext.

Deutsche Freunde fragen mich häufig, ob ihr Land eine besondere Neigung zu einer hässlichen und gefährlichen Politik hat, von der sie gehofft hatten, sie sei ein für alle Mal überwunden. Diese Wachsamkeit ist wichtig. Der Aufstieg der AfD war alarmierend. Ihre Popularität mag während der Pandemie gesunken sein, aber mit all den wirtschaftlichen und sozialen Problemen, die sich daraus ergeben, wäre es äußerst naiv anzunehmen, dass sie keine Bedrohung mehr darstellt.

Doch nichts deutet darauf hin, dass diese Trends in Deutschland ausgeprägter sind als anderswo. Extremistisches Denken hat sich in den letzten Jahren auf der ganzen Erde ausgebreitet. Selbst die angeblichen Musterschüler der Demokratie, die skandinavischen Länder, bleiben davon nicht verschont. Was Deutschland von allen anderen unterscheidet, ist seine Geschichte. Und genau diese Geschichte gibt auch Anlass zur Hoffnung, dass es im Unterschied zu anderen Ländern, die dem Populismus verfallen, diese Ära der Intoleranz überstehen wird.

KAPITEL 4

# Den Kinderschuhen entwachsen

## Deutschlands Rolle in einer gefährdeten Welt

Das Deutschland des Jahres 2021 hätte kaum etwas zu befürchten, würde es eine gewichtigere Rolle in unserer gefährdeten Welt anstreben. Die Welt hingegen schon, sollte es darauf verzichten. In der Politikwissenschaft wurde Deutschland als «widerstrebender Hegemon» und «neue zivile Weltmacht» bezeichnet[1] und schon Henry Kissinger meinte: «Deutschland ist zu klein für die Welt und zu groß für Europa.»[2] Seit Kriegsende gab es immer Kräfte, auf die sich Deutschland stützen konnte. Es delegierte die Verantwortung für Verteidigung und Sicherheit an andere – an die Vereinigten Staaten, an die NATO und, in jüngerer Zeit, an die EU. Dabei zeigte es sich, wenn es um Unterstützung der Verbündeten durch Geheimdiensterkenntnisse, bei Hilfsmissionen und bei entscheidenden Abstimmungen ging, stets als verlässlicher Partner. Aber es brauchte sich nicht selbst die Hände schmutzig zu machen, war behütet wie ein Kind.

Seit der Wiedervereinigung haben sich die Erwartungen geändert. Mit Deutschlands Größe stiegen auch die Anforderungen. Die erste militärische Intervention in der Ära nach dem Kalten Krieg war der Zweite Golfkrieg, der Saddam Hussein 1990 aus Kuwait vertrieb. Sie wurde von einem Militärbündnis von 35 Staaten durchgeführt – eine Demonstration von Einheit, wie sie George W. Bush zehn Jahre später nicht noch einmal herstellen konnte. Der damalige Bundeskanzler Helmut Kohl ließ sich nicht lange bitten und stellte logistische Unterstützung und Milliarden von D-Mark zur Verfügung. Doch an der Verfassung (oder ihrer Auslegung durch die Politiker) gab es nichts zu rütteln: Deutschland war die aktive Teilnahme an militärischen Aktionen untersagt.

1992, wenige Monate nach Auflösung der Sowjetunion und dem endgültigen Fall des Kommunismus in Europa, erschien Francis Fukuyamas treffende Analyse jener Zeit – und Deutschlands Dilemma. In seinem Buch *Das Ende der Geschichte – Wo stehen wir?* befasst der Autor sich mit dem Aufstieg der liberalen Demokratie. Unter Bezug auf Hegel und Marx spricht er von einer neuen Ebene des Fortschritts, die die Menschheit erreicht habe. Anders ausgedrückt: Der Westen hatte sich durchgesetzt. Bill Clinton und Tony Blair entwickelten das Konzept einer gezielteren Außenpolitik: den liberalen Internationalismus. Der Westen habe die Pflicht, wann immer er auf Unterdrückung stoße, sie zu beenden und die demokratischen Werte und die Menschenrechte zu verteidigen – nötigenfalls auch mit Gewalt.

Der Kosovo-Konflikt entwickelte sich zu einem Zeitpunkt, der für Deutschland nicht ungünstiger hätte sein können. Gerhard Schröder war gerade erst Bundeskanzler geworden und hatte kaum Erfahrungen in der Außenpolitik. Im Oktober 1998, nur wenige Wochen nach seiner Amtsübernahme, stand er vor einer extrem schwierigen

Entscheidung. Die Öffentlichkeit war aufgebracht über die «ethnischen Säuberungen» auf dem Balkan. Die Untätigkeit der Politiker während der serbischen Invasion in Bosnien und des Massakers in Srebrenica und auch der Völkermord in Ruanda hatten die Menschen sensibilisiert. Hinzu kam der starke Druck durch Clinton und Blair. Zum ersten Mal seit dem Zweiten Weltkrieg und ohne Rückendeckung eines UNO-Mandats schickte Deutschland Soldaten in den Krieg. Die NATO führte 38000 Kampfeinsätze, an denen auch 14 deutsche Tornado-Kampfflugzeuge teilnahmen.

Für Gerhard Schröder war es, wie er in seinen 2006 erschienenen Memoiren schrieb, Ironie der Geschichte, dass ausgerechnet eine rot-grüne Koalition an die Macht kommen musste, um Deutschland seiner Verantwortung zuzuführen.[3] War dies vielleicht eine neue Version von «Nixon in China»? So wie erst ein Republikaner im Weißen Haus regieren musste, um die Beziehungen zu Mao Zedong zu normalisieren, so waren offenbar zwei deutsche antimilitaristische Parteien vonnöten, um Soldaten in den Kampf zu schicken. Die Schlüsselfigur bei der Zustimmung war Außenminister Joschka Fischer. «Nie wieder Krieg! Nie wieder Auschwitz! Nie wieder Völkermord! Nie wieder Faschismus! Beides gehört bei mir zusammen», erklärte er im Bundestag.[4] Das war die Stimme der Grünen, des politischen Flügels der Friedensbewegung.

Im Herbst des Jahres 2001 stand Schröder vor einem ähnlich schwierigen Problem. Obwohl er George W. Bush nach dem Terroranschlag vom 11. September seine «uneingeschränkte Solidarität»[5] zugesichert hatte, machte er Deutschlands Beteiligung an einem Einsatz in Afghanistan von der Vertrauensfrage für sein Kabinett abhängig.

Diese Taktik war zwar riskant, aber sie hatte Erfolg. In dem 20 Jahre dauernden Afghanistan-Konflikt waren dann auch stets deutsche Soldaten im Einsatz. Über 50 verloren dabei ihr Leben. Die Vereinigten Staaten und Großbritannien hatten höhere Verluste zu beklagen, denn das Einsatzgebiet der Deutschen war der ruhigere Norden des Landes, trotzdem konnte sich eine dem Krieg gegenüber ablehnend eingestellte Generation nur schwer damit abfinden. In einem Text aus dem Jahr 2009 erinnert sich Schröder an den Besuch einer Schule in Kabul. «Damals, kurz nach dem Sturz der Taliban, besichtigte ich eine neu eröffnete Schule, in der mich junge, unverschleierte Mädchen begrüßten. In dieser Mädchenschule haben sie, voller Freude und in einem Raum frei von Gewalt und Verboten, etwas getan, was uns selbstverständlich erscheint - einfach nur in einer Schule zu lernen. Mich hat dieser Besuch damals sehr berührt - und mich in meiner Einschätzung bestätigt, dass Deutschland einen Beitrag zum Sturz der Taliban leisten musste.» Und er fügte hinzu: «Die Entscheidung des Parlaments setzte einen Schlusspunkt unter das Kapitel der eingeschränkten Souveränität Deutschlands nach dem Zweiten Weltkrieg. Wir sind damit zu einem gleichberechtigten Partner in der internationalen Staatengemeinschaft geworden, der Pflichten zu erfüllen hat, etwa solche, die sich aus dem Nato-Bündnis im Fall Afghanistan ergeben haben; aber wir Deutschen haben ebenso auch Rechte erworben, etwa im Fall des Irak-Krieges nein zu sagen, weil wir von dem Sinn einer militärischen Intervention nicht überzeugt waren.»[6] Schröders entschiedene Ablehnung des Irakkriegs definierte die zweite Hälfte seiner Amtszeit.

Als dann im Jahr 2011 David Cameron und Nicolas Sarkozy in Libyen intervenierten, um zu verhindern, dass die von den Aufständischen gehaltene Stadt Bengasi von Regierungstruppen zurückerobert wurde, und um Oberst Gaddafi zu stürzen, war es Merkel, die eine deutsche Unterstützung ablehnte. Nach lediglich drei Monaten in seiner auf zwei Jahre befristeten Rolle als nichtständiges Mitglied im UN-Sicherheitsrat enthielt sich Deutschland bei der Abstimmung über eine Resolution zur Einrichtung einer Flugverbotszone der Stimme. Damit stellte es sich neben Russland und China und gegen seine westlichen Alliierten. Und anders als in den Debatten über den Irak konnte es sich nicht auf Frankreich stützen. Joschka Fischers Kosovo-Rede schien zu einer anderen Ära zu gehören. Nach den bewaffneten Konflikten in Irak, Libyen und Afghanistan (dessen Fall komplizierter war) stand die deutsche Öffentlichkeit militärischen Eingriffen ablehnend gegenüber.

Zu den bewegenden Momenten der alljährlich stattfindenden Münchner Sicherheitskonferenz zählt die Rede von Bundespräsident Joachim Gauck im Jahr 2014. «Dies ist ein gutes Deutschland, das beste, das wir jemals hatten», sagte er. Dann zählte er die Leistungen des Landes auf: Beiträge zur internationalen Entwicklung, Umweltschutz, Förderung internationaler Institutionen und Einsatz für die europäische Einigung. Anschließend wandte er sich ganz konkret dem aktuellen Aufgabenkatalog zu. Deutschland gelte oft als Drückeberger, erklärte er, und stehe unter dem Vorwurf, sich bei schwierigen Aufgaben allzu oft wegzuducken. Dem widerspreche er nicht. Die Vergangenheit dürfe nicht als Vorwand dienen, wegzuschauen. Deutschland solle sich darauf einstellen, mehr Verantwortung zu übernehmen, um die Welt sicherer zu machen. «Und wenn wir überzeugende

Gründe dafür gefunden haben, uns zusammen mit unseren Verbündeten auch militärisch zu engagieren, sind wir dann bereit, die Risiken fair mit ihnen zu teilen?», lautete seine Frage, die er sogleich selbst beantwortete: «Ich meine: Die Bundesrepublik sollte sich als guter Partner früher, entschiedener und substantieller einbringen.»[7] Und Außenminister Frank-Walter Steinmeier zählte bei gleicher Gelegenheit eine Reihe wohlabgewogener Grundsätze auf: «Der Einsatz von Militär ist ein äußerstes Mittel. Bei seinem Einsatz bleibt Zurückhaltung geboten. Allerdings darf eine Kultur der Zurückhaltung für Deutschland nicht zu einer Kultur des Heraushaltens werden. Deutschland ist zu groß, um Weltpolitik nur von der Außenlinie her zu kommentieren.»[8] Daraus entwickelte sich der «Münchner Konsens», der darauf zielt, dass Deutschland mehr Verantwortung in der Welt übernimmt.

Obwohl Bündnispartner der Vereinigten Staaten, hat Deutschland eine besondere Beziehung zu Russland, seinem Gegner im Kalten Krieg. Dies ergibt sich allein schon aus der geographischen Lage, aus Kultur, Geschichte – und aus der historischen Schuld des Zweiten Weltkriegs. Vor 1989 war der Umgang damit leichter. Die kommunistische Herrschaft der Sowjets in Osteuropa, die Unterdrückung der Aufstände in Ostberlin 1953, in Ungarn 1956 und in Prag 1968 sowie der Bau der Mauer 1961 trieb alle außer den eingefleischten Linken in den Bannkreis des Westens. Konrad Adenauer war der Ansicht, die Eingliederung der Bundesrepublik in das Bündnis der Westmächte sei wichtiger als eine eventuelle Wiedervereinigung. Wie Adenauer galt auch Helmut Kohl in den Vereinigten Staaten als treuer Partner. Zu Gerhard Schröder gestaltete sich deren Verhältnis schwieriger, nicht nur wegen seiner Verurteilung der Invasion des Irak, sondern auch wegen seiner engen Freundschaft zu Wladimir Putin. Selbst während des Kalten Kriegs pflegten die Bundesrepublik und die Sowjetunion teils enge wirtschaftliche Beziehungen. Russland besaß Erdgasvorkommen, war jedoch zu ihrer Ausbeutung auf technologische und finanzielle Unterstützung angewiesen. Ein Deal «Gas gegen Röhren» war in beider Interesse. Zum Nord-Stream-Projekt, dessen umstrittener Ausbau gerade im Gange ist, gehört eine Pipeline von der nordwestlich von St. Petersburg gelegenen Stadt Wyborg durch die Ostsee bis nach Lubmin bei Greifswald. Die Mehrheit der Unternehmensanteile gehört Gazprom, Russlands gigantischem Energiekonzern, der auch heute noch aufs Engste mit Putin und seinen politischen Vertrauten verknüpft ist. Zehn Tage vor den Bundestagswahlen 2005 wurde der Vertrag zum Bau der Pipeline in aller Eile unterzeichnet. Wenige Wochen später, als sich Schröder bereits auf die Amtsübergabe vorbereitete, schloss die Bundesregierung einen spektakulären Vertrag mit den Russen. Sie übernahm die Bürgschaft für eine Milliarde Euro, falls Gazprom für den Bau der Ostsee-Pipeline einen Kredit aufnehmen musste. Kurz darauf wurde Schröder zum Aufsichtsratsvorsitzenden der Nord Stream AG ernannt.

Es wurde viel von einem Interessenkonflikt gemunkelt, aber dies blieb ohne Folgen. Schröder machte aus seiner Bewunderung für Putin keinen Hehl, nannte ihn bei gleich drei verschiedenen Anlässen einen «lupenreinen Demokraten». Er ging sogar noch weiter: «Präsident Wladimir Putins historische Leistung ist es, den Staat als Voraussetzung für Demokratie überhaupt wiederhergestellt zu haben.»[9]

Schröder blieb bei seiner unkritischen Haltung gegenüber Russland, ganz gleich, was unter Putins Verantwortung geschah: die Invasion Georgiens, die mutmaßlich staatlich lancierte Vergiftung von Alexander Litwinenko in London oder auch die Auseinandersetzungen mit Estland, als der Abbau eines Kriegerdenkmals aus Sowjetzeiten im Zentrum der Hauptstadt Tallinn einen Cyberangriff gegen das Land nach sich zog – gegen einen NATO-Staat. Anstatt Russland zu verurteilen, erklärte Schröder, Estlands Schritt widerspreche «jedem zivilisierten Verhalten».[10] Im März 2004 sagte Schröder, Putin leide unter berechtigten «Einkreisungsängsten». Die Krim bezeichnete er als «altes russisches Territorium»[11] und ihre Besetzung als rechtmäßig, weil sie von der Bevölkerung gewollt sei. Als der Westen 2014 über Sanktionen gegen Russland nachdachte, ließ sich Schröder im St. Petersburger Jussupow-Palais bei der Feier seines 70. Geburtstags von seinem Ehrengast Putin zuprosten. «Schröder ist der wichtigste Lobbyist des Kreml», sagte Putins Außenminister.[12] 2016 wurde Schröder Vorsitzender des Verwaltungsrats von Nord Stream 2. Diesmal ist Gazprom der einzige Anteilseigner. Ein Jahr später ernannte man ihn zum Aufsichtsratschef von Rosneft, Russlands größtem Ölproduzenten. Unter Fachleuten nennt man so etwas «Elite Capture», eine ganz besondere Form der Korruption.

Angela Merkels Haltung gegenüber Russland könnte nicht gegensätzlicher sein. Sie ist die erste deutsche Staatschefin, die im Kommunismus aufwuchs. Wie alle Schulkinder in der DDR hat sie Russisch gelernt und gewann als Vierzehnjährige sogar eine «Russisch-Olympiade». Der Preis war eine Moskaureise. Russland war ein Land, das sie schon immer begeistert hatte. In ihrem Büro im Kanzleramt hängt ein Gemälde mit Katharina der Großen.

Putin ist der erste russische Staatsführer, der in Deutschland lebte, als KGB-Agent mittleren Rangs in Dresden. Obwohl Merkel und Putin historisch auf verschiedenen Seiten standen, hätte man meinen können, dass es zwischen ihnen genügend Gemeinsamkeiten gibt, um sich zu verstehen. Doch nach seiner politischen Romanze mit Schröder hatte Putin offenbar Probleme, es fortan mit einer Frau zu tun zu haben – eine Frau, welche Dreistigkeit, und noch dazu eine, die es mit ihm aufnehmen konnte. Nachdem Merkel ihm 2002, noch als Oppositionsführerin, zum ersten Mal im Kreml begegnet war, sagte sie zu ihren Beratern, sie habe seinen «KGB-Test» im Wettstarren bestanden.[13] (Von meinem kurzen Aufenthalt Ende 2004 auf seinem Anwesen in einem Vorort Moskaus anlässlich eines kleinen Abendempfangs kann ich bestätigen, dass Putin einen eisigen Blick hat, dem man nur schwer standhalten kann.) Am bizarrsten war eine Zusammenkunft der beiden in seiner Sommerresidenz am Schwarzen Meer 2007. Offenbar wusste Putin von Merkels Angst vor großen Hunden, die sie seit einer Beißattacke aus ihrer Kindheit hat, und ließ dennoch seine große schwarze Labradorhündin Koni in den Gesprächsraum kommen. Fotos des Treffens zeigen Merkels besorgten Blick, als das große Tier erst an ihr schnüffelt, ehe es sich in ihrer Nähe niederlässt. Aber sie verzieht keine Miene. Putin wendet sich an sie und fragt schadenfroh grinsend: «Die Hündin stört Sie doch nicht, oder? Sie ist freundlich von Natur aus und wird auch bestimmt brav sein.»[14] Worauf Merkel in fehlerfreiem Russisch hintersinnig entgegnet: «Ich hoffe, Ihr Hund frisst keine Journalisten.»[15]

Einem ihrer Biographen zufolge verfügt Merkel über eine erstaunliche Impulskontrolle. In einem konkreten Moment zeige sie nur selten Gefühle, äußere ihr Missfallen jedoch später. Putin entschuldigte sich im Nachhinein und behauptete, nichts von ihren Ängsten gewusst zu haben. Deutsche Diplomaten meinen jedoch, er sei mit ziemlicher Sicherheit informiert gewesen. Auch wenn dieser Vorfall nichts ist, von dem sich Merkel über Gebühr beeinflussen ließ, so lieferte er doch genügend Anlass für ihr Misstrauen. Zur stillen Erleichterung der Vereinigten Staaten und Europäer war sie Putin 2014 zu nichts verpflichtet, und sie machte deutlich, dass sie es mit ihm aufnehmen würde. Als in den Wochen der Krim- und Ukrainekrise ein Flugzeug der Malaysian Airlines abgeschossen wurde und alle 283 Passagiere und 15 Crewmitglieder ums Leben kamen, fiel der Verdacht auf Moskau. Merkel sorgte dafür, dass die EU die schärfsten Sanktionen seit dem Zusammenbruch der UdSSR verhängte. Sie war unerbittlich und setzte sie gegen großen Widerstand in ihrer eigenen Koalition durch. In der Folge wurden die Sanktionen mehrfach verschärft.

Merkel ging mit ihrer harten Linie gegenüber Russland eins der wenigen großen und für sie untypischen Risiken in ihrer Amtszeit ein. Da sie Meinungsumfragen und Diskussionsrunden aufmerksam verfolgte und ihr ständig eine mildere Haltung angeraten wurde, war sie sich im Klaren, dass Russland in weiten Kreisen der Bevölkerung Sympathien genoss. Ihre Unerschrockenheit nährte sich teilweise aus ihrer persönlichen Geschichte: Seit ihrer Jugend in der DDR empfand sie für eiskalte Machtmenschen wie Putin tiefsitzende Verachtung. Aber es war wohl auch eine Frage von Prinzipien. Sobald sie das Gefühl hatte, es sei Vorsicht angebracht, handelte sie auch entsprechend.

Deutschlands Beziehung zu Russland hat tiefe Wurzeln

in Kultur, Geographie und Geschichte. Putin ist es im Verhältnis zu Deutschland gelungen, sein Land von der Bilanz des Sowjetkommunismus in der DDR abzukoppeln. Heute steht Russland im Verdacht, sowohl die AFD als auch die Partei Die Linke mit Geldmitteln zu unterstützen, obwohl dies in Untersuchungen bislang nicht bestätigt werden konnte (anders als in Frankreich, wo finanzielle Verbindungen zu Marine Le Pens Rassemblement National inzwischen außer Frage stehen). Letztlich fördert der Kreml in ganz Europa Gruppierungen von Rechtsaußen und Linksaußen sowie Unabhängigkeitsbewegungen und – natürlich – den Brexit, also alles, was Sand ins Getriebe der liberalen Demokratien und den Zusammenhalt Europas bringen könnte. Informationstechnisch hat sich inzwischen ein beidseitiger Nutzen entwickelt. So vertritt die AfD die Linie des Kreml. Ihre Parteispitze hat die Annexion der Krim und die Invasion in der Ostukraine verteidigt und sogar Leute nach Russland gesandt, die sie lächerlicherweise als «Wahlbeobachter» bezeichnete. Außerdem traf sie sich mit Vertretern der Jugendorganisation Naschi, die Putins Partei Einheitliches Russland nahesteht. Russlands Auslandsfernsehsender RT vertritt gewöhnlich die Linie der AfD und berichtet sogar live von den Aufmärschen der Pegida. Sein in Deutsch ausgestrahltes Programm ist in den ehemaligen Ostblockstaaten sehr beliebt.

Im *Weißbuch zur Sicherheitspolitik und zur Zukunft der Bundeswehr* des Jahres 2016 war zum ersten Mal davon die Rede, dass Russland eine «hybride Kriegsführung» betreibt.[16] Der militärische Geheimdienst Russlands, die GRU, ließ durch eine ihrer Einheiten mit der Bezeichnung ATP28, unter Hackern bekannt als «Fancy Bear», eine Reihe von Cyberattacken durchführen. Am gefährlichsten war die Infiltration des E-Mail-Systems des Bundestags im April 2015, in der eine ganze Reihe von Daten gestohlen wurden, die man anschließend gezielt lancierte, um bestimmte Politiker und Einrichtungen zu schwächen. In einer Untersuchung der *Zeit* mit dem Titel «Merkel und der schicke Bär» enthüllten die Journalisten das Ausmaß des Datenklaus, aber auch den beklagenswert schlechten Schutz des Parlaments durch das Bundesamt für Sicherheit in der Informationstechnik.

Nach Einschätzung von Experten für Cybersicherheit aus Deutschland und Europa war Merkel weitaus mehr Angriffen ausgesetzt als andere Spitzenpolitiker Europas. Dazu gehört die tägliche Verbreitung von Falschmeldungen, die ihre Glaubwürdigkeit untergraben sollen. Manche zeigten Wirkung, andere waren einfach nur absurd. So sollte sie vom Anschlag auf den Berliner Weihnachtsmarkt zuvor gewusst, es aber verschwiegen haben. Oder die Tochter Adolf Hitlers sein – was ein (manipuliertes) Foto beweisen sollte. Hitler sei entweder im Führerbunker nicht gestorben und hatte das Kind später gezeugt oder habe sein Sperma einfrieren lassen. Das konnte angeblich nur noch nicht geklärt werden.

Die Hacker aus Russland arbeiteten ungehindert weiter. Im Dezember 2018 wurden über einen gefakten Twitter-Account gestohlene persönliche Dokumente und Daten von Prominenten und insbesondere von Politikern verbreitet, die dem Kreml unliebsam waren – von Parlamentariern aller Parteien, mit Ausnahme der AfD. Vor allem die Grünen dienten hier als Zielscheibe, die, anders als die SPD, Russland stets äußerst skeptisch gegenübergestanden hatten.

Mit der für sie typischen Unbeirrbarkeit ließ sich Merkel nicht aus dem Tritt bringen. Und gerade als die Vereinigten

Staaten und andere dachten, man hätte sie weichgeklopft, wurden sie von ihr überrascht. Im August 2019 wurde im Kleinen Tiergarten in Berlin-Moabit ein Exil-Tschetschene, der in den 1990er Jahren separatistische Einheiten im Kampf gegen Russland kommandiert hatte, auf dem Weg in die Moschee ermordet. Der mit einer Perücke getarnte Mörder näherte sich ihm mit dem Fahrrad von hinten und erschoss ihn mit einer Pistole vom Typ Glock mit Schalldämpfer. Er wurde kurz darauf festgenommen, schwieg aber in den Polizeiverhören über Monate hartnäckig. Ausländische Diplomaten befürchteten, die deutsche Regierung würde den Vorfall vertuschen, um außenpolitische Verwicklungen zu vermeiden. Im Dezember aber fiel plötzlich die Entscheidung, den Bundesanwalt hinzuziehen – was eigentlich gleich zu Anfang hätte geschehen müssen. Innerhalb von 24 Stunden wurde bekannt gegeben, dass zwei russische Diplomaten ausgewiesen werden sollten. Auch wenn das angesichts der Tat eher harmlos klingt, war es doch die ernsteste Maßnahme gegen Russland vonseiten einer europäischen Regierung seit der Ausweisung von über 100 russischen Diplomaten durch westliche Staaten 2018 als Protest gegen den Nervengiftanschlag auf Sergej Skripal und seine Tochter im englischen Salisbury. Merkel war damals entscheidend an der EU-weiten Organisation dieser Aktion beteiligt – ohne dass ihr die Briten je ausdrücklich gedankt hätten.

Auch im Zusammenhang mit dem heimtückischen Giftanschlag auf Alexej Nawalny, Russlands führender Stimme der Opposition, im August 2020 folgte Merkel ihren Grundsätzen. Sie überredete Putin, den todkranken Nawalny aus dem Krankenhaus der sibirischen Stadt Omsk in Begleitung deutscher Ärzte in die Berliner Charité ausfliegen zu lassen, wo sich Nawalny dann ganz allmählich erholen konnte. Deutsche, französische und schwedische Ärzte bestätigten übereinstimmend, dass wie beim Anschlag gegen Skripal auch dieses Mal das Nervengift Nowitschok verwendet wurde. Ganz ihrem Ruf entsprechend bezeichnete Merkel die Tat als Verbrechen, das sich gegen «die Grundwerte und Grundrechte richtet, für die wir einstehen» und benannte den russischen Staat ganz offen als Verantwortlichen für diesen Mordversuch.

Während Merkel sich von Putin nie einschüchtern ließ, ist Schröders Russland-Bilanz erschreckend. Aber – und das ist ein großes Aber – ehe man andere kritisiert, sollte man genauer bei sich selbst nachschauen. Unter den verschiedenen Regierungen der 1990er bis 2000er Jahre wurde London zur Zentrale der Geldwäsche, was ihm zur zweifelhaften Bezeichnung Londongrad verhalf. Minister, Angehörige des Königshauses, Parlamentsabgeordnete, prominente Unternehmenschefs, Privatschuldirektoren, Patentanwälte und, natürlich, Anlageberater hofierten die Oligarchen. Woher das Geld ihrer neuen Freunde stammte, interessierte das britische Establishment nicht. Ich erinnere mich an ein Gespräch, das ich – es war wohl 2005 – mit einem Kabinettsminister aus Tony Blairs Regierung führte. «Sehen Sie einfach darüber hinweg», sagte er. «Geld ist nicht schmutzig, vor allem nicht, wenn es beim Bau unserer Schulen und Krankenhäuser hilft.» Zwar war Großbritannien nach einer Reihe von Morden, die mit Russland in Verbindung gebracht wurden, zu verschärften Sicherheitsmaßnahmen gezwungen, doch die finanziellen Verbindungen zu Russland sind mindestens ebenso ärgerlich wie das Verhalten Deutschlands unter Schröder. Die gegenwärtig in England regierende Konservative Partei hat im Lauf der letzten zehn Jahre wiederholt Geschenke von Oligarchen angenommen, die sich insgesamt auf 3,5 Millionen Pfund belaufen.[17] Dazu gehört auch die absurde Idee, dass man für ein paar tausend Pfund in den Genuss eines Tennisspiels mit David Cameron oder Boris Johnson kommen kann. Mit der Veröffentlichung des Berichts des Intelligence and Security Committee of Parliament zu dessen Bedenken über derart schäbige Geschäfte ließ sich Boris Johnson mehrere Monate Zeit.

Dass Trump tiefe Abneigung gegen Angela Merkel zeigte, und das von Anfang an, überrascht wenig. Während seines Wahlkampfs 2016 beleidigte er sie häufiger als alle anderen ausländischen Politiker. «Sie haben sich die Person ausgesucht, die Deutschland ruinieren wird», lautete sein Kommentar, als die Zeitschrift *Time* sie zur Person des Jahres kürte. Besonders ärgerte ihn der Titel «Kanzlerin der freien Welt». «Was Merkel Deutschland angetan hat, ist eine traurige, traurige Schande.»[18] Dabei steht die Frau, die Reagan bewunderte und gern einmal durch den amerikanischen Westen fahren würde, fest zum Atlantischen Bündnis. Soweit es nach ihr geht, sollen die Vereinigten Staaten in Deutschland auch weiterhin ihren treuesten Bündnispartner sehen.

Umso schwerer traf es sie, wenn es im deutsch-amerikanischen Verhältnis knirschte. Und das hatte es auch schon einige Zeit vor Trumps Amtsübernahme. Wohl am abträglichsten waren die Enthüllungen des Whistleblowers Edward Snowden, der Zehntausende höchst geheimer Dokumente ins Netz stellte, die auch Deutschland betrafen. Vor allem schmerzte, dass der US-Auslandsgeheimdienst

(NSA) jahrelang Angela Merkels privates Handy abgehört hatte. In seinen 2013 durchgeführten Untersuchungen zu Snowdons Enthüllungen kam der *Spiegel* zu dem Ergebnis, dass die US-Botschaft in Berlin als Geheimdienstzentrale der NSA gedient hatte. Jahrelang waren die Gespräche deutscher Spitzenpolitiker abgehört und gespeichert worden, darunter auch die Merkels, die ihr Handy viel benutzt. Aus einem 2014 veröffentlichten Dokument des Jahres 2009 geht hervor, dass Merkel in einer alphabetisch nach Vornamen geordneten Liste von 122 Spitzenpolitikern der Welt geführt wurde und ihr Name auf der ersten Seite stand, gleich unter dem des Präsidenten von Mali und vor dem mörderischen Staatspräsidenten Syriens Bashar al-Assad. Merkel glühte vor Zorn, als sie es erfuhr. Zur Abwechslung verlor sie einmal die Kontrolle und führte mit Obama ein wütendes Telefongespräch, das sie später ganz bewusst dem *Spiegel* zugänglich machte. «Das sind Stasi-Methoden», sagte sie zu ihm.[19]

Nach zwei weiteren Spionagefällen verschlechterten sich die Beziehungen noch mehr. In einem Fall gelangte internes Beweismaterial, das der parlamentarische Untersuchungsausschuss zur Abhöraffäre des Telefons der Kanzlerin gesammelt hatte, in den Besitz der Amerikaner. Merkel wies den CIA-Verbindungsbeamten in Berlin an, das Land zu verlassen, ein noch nie dagewesener Vorgang. Kurzzeitig stellten die Geheimdienste beider Länder sogar die Zusammenarbeit ein. Auf dem Höhepunkt der Krise bezeichneten laut Umfrage 60 Prozent der Deutschen Snowden als Helden. Eine Studie der ARD ergab, dass die Zustimmung zu Obama von den 88 Prozent bei seiner Amtsübernahme auf 43 Prozent abgesunken war. Nur noch 35 Prozent der Deutschen hielten die Vereinigten Staaten für einen guten

Partner – nicht weit entfernt von der Einschätzung Russlands.[20]

Man kann Merkel, die im März 2017 nach Washington zu ihrer ersten Unterredung mit dem neuen Präsidenten flog, nicht vorwerfen, es nicht versucht zu haben. Sie hatte sich peinlichst genau vorbereitet – das *Playboy*-Interview aus dem Jahr 1990 gelesen, das quasi als Manifest des Trumpismus gelten könnte, wie auch sein 1987 erschienenes Buch *Trump – Die Kunst des Erfolgs*. Sogar Folgen seiner Fernsehshow *The Apprentice* hatte sie sich angesehen.

Es lief von Anfang an schlecht. Als sie ihm vor laufenden Kameras im Oval Office die Hand reichen wollte, nahm er sie nicht entgegen. Ihre routinierte Distanziertheit, ihr analytisches Denken waren ihm zutiefst zuwider. Merkels Berater sagte, sie habe gelernt, ihm komplizierte Sachverhalte in kleinen verdaulichen Brocken zu erklären. Er interpretierte das als Überheblichkeit. Trump hatte sich vielfach als Frauenverächter gezeigt, und einige hielten dies für den Grund, dass er sie nicht leiden konnte.

Eineinhalb Jahre später kam Merkel bedauernd zu dem Ergebnis, dass sich zu Trump wohl keine sinnvolle Beziehung aufbauen lassen werde. Am ehesten konnte sie noch auf Krisenbewältigung hoffen. Im Vorfeld des G7-Gipfels 2018 im kanadischen La Malbaie belegte Trump Stahl und Aluminium aus der EU und Kanada mit Zöllen. Im Mai desselben Jahres hatte er den Rückzug aus dem Nukleardeal mit dem Iran verkündet, einem internationalen Abkommen, in dem sich Teheran im Gegenzug für die allmähliche Aufhebung der Sanktionen zum stufenweisen Abbau seines Bestands an angereichertem Uran verpflichtete. Trump verweigerte nicht nur seine Mitarbeit, sondern setzte die

US-Sanktionen gegen den Iran unverzüglich wieder in Kraft und drohte multinationalen Unternehmen, die mit Iran Geschäfte machten, mit Sekundärsanktionen. Dies war ein harter Schlag für deutsche Firmen. Im darauffolgenden Jahr verkündete die Regierung Trump den offiziellen Ausstieg aus dem Pariser Klimaabkommen.

Ebenfalls im Mai 2018 begab sich Richard Grenell auf den Kriegspfad, ein für seine böse Zunge berüchtigter Kommentator des Fernsehsenders Fox, der von Trump zum US-Botschafter in Berlin bestimmt worden war. Er begann mit seinem Kreuzzug zur «Stärkung der konservativen Kräfte in Europa»[21], mit denen er die autoritären Populisten meinte. Einige Bundestagsabgeordnete verlangten sogar, Grenell zur *persona non grata* zu erklären. Merkel ging nicht darauf ein, aber die Vorfälle zeigten, wie tief das Verhältnis gesunken war.

Auch wenn Trump alles tat, sich unbeliebt zu machen, muss man zugeben, dass seine Kritik hin und wieder – wie im Falle von Russland und Nord Stream – auch zutraf. Es herrschte ein offener Streit über die Verteidigungsausgaben, der aber bereits vor seiner Amtsübernahme geschwelt hatte. Beim NATO-Gipfel in Wales 2014 kamen die Mitgliedstaaten überein, sich mit ihren Beiträgen zum Verteidigungsbündnis bis zum Jahr 2024 dem Ziel von zwei Prozent ihres Bruttoinlandsprodukts «anzunähern». Auch wenn das nur einen langsamen Fortschritt bedeutete, so würde es doch immerhin aufwärtsgehen. Zu jenem Zeitpunkt erfüllten nur drei Länder diesen Anspruch, Deutschland war also nicht der einzige säumige Zahler. Doch angesichts seiner Größe und seiner Wirtschaftsleistung stach seine Nachlässigkeit am meisten ins Auge. Fünf Jahre später hatten acht Länder das Zwei-Prozent-Ziel mehr oder weniger erreicht. Andere, darunter Kanada, Italien und Spanien, hatten es verfehlt. Deutschland, das bis dahin einen Beitrag von 1,24 Prozent leistete, versprach, ihn bis 2025 auf 1,5 Prozent anzuheben. Aber auch das war eher eine Absichtserklärung.

Vor 1990 hatte Deutschland die NATO-Ziele erfüllt. Mitte der 1980er Jahre noch war der Verteidigungsetat beinahe ebenso hoch wie der für Sozialausgaben. Im Zuge der Wiedervereinigung allerdings setzte Deutschland andere Prioritäten. Im jüngsten Bericht des US-amerikanischen Meinungsforschungsinstituts Pew Research Center zu Global Attitudes[22] (Globale Sichtweisen) von 2019 wird deutlich, dass die Deutschen dem Atlantischen Bündnis mit gemischten Gefühlen gegenüberstehen und eine Annäherung an Russland befürworten. Die Zahl der Deutschen, die ein positives Verhältnis zur NATO haben, ist in den vergangenen fünf Jahren von 73 auf 57 Prozent gesunken. (In Frankreich ist der Rückgang mit 71 auf 49 Prozent sogar noch stärker. Nur in Ländern wie Litauen und Polen, die sich direkt von Russland bedroht fühlen, hat sich die Zustimmung gesteigert.) Auf die Frage, ob sich ihr Land dem Artikel 5 des Nordatlantikpakts, dem NATO-Bündnisfall, verpflichtet fühlen solle, antworten nur 34 Prozent der Deutschen mit Ja und liegen damit weit unter dem europäischen Durchschnitt. Und während 39 Prozent engere Beziehungen mit den Vereinigten Staaten für wichtig halten, befürworten 25 Prozent eine größere Annäherung an Russland. Nur die Bevölkerung in Bulgarien hatte eine positivere Einstellung zu Russland, und das auch nur zeitweise.

Russlands Aktionen in der Krim und Ostukraine haben ein Umdenken erzwungen. Seit 2014 ist der Verteidigungsetat, wenn auch von einem niedrigen Ausgangspunkt, um 40 Prozent gestiegen. Eine derartige Ausgabenerhöhung sei, wie Merkel es ausdrückte, ein gewaltiger Schritt für Deutschland[23], heißt: Wir tun, was wir können. Ungeachtet aller Kritik ist Deutschland jedoch an mehr militärischen Einsätzen beteiligt als jedes andere Land Europas und engagiert sich im Irak bei den Peschmerga ebenso wie im westafrikanischen Staat Mali.

China, die für Deutschland wichtigste Herausforderung, ist dabei, seine wirtschaftliche und politische Macht in ganz Europa zu festigen. So hat es beispielsweise mit einer Milliarde Dollar eine Bahnline zwischen Budapest und Belgrad subventioniert oder in Griechenland den strategisch wichtigen Hafen Piräus gekauft. Am Rand von Minsk, der Hauptstadt Weißrusslands, zieht es in den Wäldern eine ganze Stadt hoch, um im Zentrum zwischen der EU und Russland ein industrielles Drehkreuz zu errichten.

Deutschland ist für den wirtschaftlichen Erfolg und zur Verteidigung seiner Stellung als Markenproduzent auf Exporte angewiesen. Nach der Öffnung durch Deng Xiaoping strömten deutsche Unternehmen nach China, das mit seiner riesigen Nachfrage nach Autos, Spitzentechnologie und Know-how immense Möglichkeiten bot. Deutschland schien einen verlässlichen Partner und mit den Hunderten Millionen Verbrauchern einen unerschöpflichen Markt vor sich zu haben. Nach dem Motto «Wandel durch Handel» überließ man die Politik den Politikern und erwartete, dass sich China parallel zur Steigerung der wirtschaftlichen Kontakte auch politisch öffnen würde. Zwei Jahrzehnte später gab es mehrere Ereignisse, die daran Zweifel aufkommen ließen.

2016 entspann sich um einen der Stars aus Deutschlands Technologiebranche der Kampf um eine feindliche Übernahme. Die jetzige KUKA AG war 1898 gegründet worden und begann, wie viele Familienunternehmen, mit einem einzigen Produkt – mit dem Entwurf und der Produktion von Straßenlampen. Ein Jahrhundert später war sie einer der Weltführer in der Entwicklung von Industrierobotern. Die Chinesen wiederum hielten Ausschau nach Firmen, die sie übernehmen konnten, um zwei langfristige Regierungspläne zu realisieren: «Made in China 2025» und die eigene Version von Industrie 4.0 (weitgehend angelehnt an das deutsche Vorbild). Diese Projekte sollten dazu beitragen, in Chinas Wirtschaft den Schwerpunkt von billigen arbeitsintensiven Produktkopien auf Innovation zu verlagern, ein Bereich, in dem es Weltführer werden wollte. Chinesische Unternehmen wurden von Peking dazu gedrängt, im Ausland Firmen zu erwerben, mit denen sie ihre technologischen Möglichkeiten erweitern und, da die eigene Wirtschaft schwächelte, neue Märkte erobern konnten. Im Verlauf jenes Jahres, so verkündeten die Chinesen, hatten sie in Deutschland Firmen im Wert von elf Milliarden Dollar gekauft.[24]

Aus heiterem Himmel erhielt KUKA ein Angebot von der chinesischen Midea Group, die Kühlschränke und Klimaanlagen herstellte. Es belief sich auf 115 Euro pro Aktie, womit der Wert von KUKA auf 4,5 Milliarden festgelegt wurde – ein Aufschlag von annähernd 60 Prozent. Da die Bemühungen, andere Interessenten zu finden, erfolglos blieben, konnte sich Midea trotz der Proteste von Aktionären, einiger Mitglieder der Firmenleitung und der Gewerkschaften einen Anteil von über 90 Prozent sichern.[25] Dieser private Buyout galt bei vielen Marktteilnehmern als Muster für einen erfolgreichen Auslandseinkauf. Obwohl sie von allen Seiten dazu aufgefordert wurde, unternahm Merkel nichts, und das Wirtschaftsministerium erklärte, es habe keine Möglichkeiten, den Verkauf zu verhindern. Damit wurde ein wesentliches Stück des deutschen Tafelsilbers über Nacht chinesisch. Zwei Jahre später gab der deutsche Geschäftsführer seinen Posten auf. Die Wirtschaftsbosse waren alarmiert. Kein Unternehmen in Deutschland war noch sicher. Wie sollte es mit anderen mittelständischen Firmen weitergehen? Und würden sich die Chinesen demnächst der Autoindustrie zuwenden?

«Wir haben eingesehen, dass die Entwicklung der Märkte nicht gleichzeitig auch eine Demokratisierung nach sich ziehen würde», erklärte mir ein Manager. «Da die Chinesen von Staatsseite subventioniert wurden, zahlten sie mehr als den Marktpreis für ihre Neuerwerbungen. Dies hatte dann Wettbewerbsverzerrungen zur Folge.» Als der Bundesverband der Deutschen Industrie einen detaillierten Bericht zur chinesischen Vorgehensweise veröffentlichte, gab es einen Aufschrei. China sei ein «systemischer Wettbewerber», der mit seiner staatlich gelenkten Volkswirtschaft eine Konkurrenz zum Westen darstelle.[26] Der BDI formulierte 55 Forderungen, darunter auch eine Verschärfung des EU-Beihilfenrechts und der Antisubventionsinstrumente.

Zu dieser Zeit wurde im Bundestag ein Gesetz verabschiedet, das der Regierung bei jedem geplanten Erwerb von zehn Prozent oder mehr Anteilen eines deutschen Unternehmens aus den sensiblen Branchen durch einen Nicht-EU-Interessenten das Recht auf Überprüfung und eventuell Ablehnung zugestand. Zuvor hatte die Schwelle bei 25 Prozent gelegen. Dies bezog sich auf Betriebe aus den Bereichen Rüstungs- und Sicherheitstechnologie sowie lebenswichtiger Infrastruktur wie Energieversorgung und Telekommunikation und den Medien. Wirtschaftsminster Peter Altmaier stellte seine «Industriestrategie 2030» vor, die darauf abzielt, strategisch wichtige Branchen von Raumfahrt bis Umwelttechnologie, von 3D-Druckern bis – natürlich – zu Kraftfahrzeugen zu stärken.

Die EU folgte diesem Beispiel mit einem Zehn-Punkte-Plan, der die Hinwendung zu einer eher defensiven Industriepolitik kennzeichnete. Deutschland zeigte sich stärker denn je protektionistisch.

2013 stellte Chinas Staatspräsident Xi Jinping das «Belt and Road»-Projekt vor, «die Seidenstraße des 21. Jahrhunderts» – man könnte auch von Chinas Marshallplan für den Rest der Welt sprechen. Es besteht aus einem Netz von Verkehrswegen zu Land und zu Wasser für die chinesische Wirtschaft und für chinesische Einflussnahme, das sich über 71 Länder erstreckt, die halbe Weltbevölkerung und ein Viertel des globalen Bruttosozialprodukts erfasst. Der Westen ist darüber aufs äußerste alarmiert.

Duisburg wurde als einer der Endpunkte ausgewählt, um Waren über Straße, Schiene, oder Frachtkahn durch ganz Europa oder weiter auszuliefern. Der Bürgermeister der Stadt zögerte nicht lange, seine Unterschrift zu geben. Als Xi Jinping ein Jahr später Deutschland einen Besuch abstattete, machte er auch eine Stippvisite im Duisburger Hafen, wo zeitgleich ein mit roten Bannern geschmückter Güterzug aus China eintraf. Begrüßt wurde er von einer Blaskapelle, die alte Bergmannslieder spielte, und von Kindern mit Flaggen Chinas. Inzwischen verkehren zwischen China und Deutschland im Rahmen des «Belt and Road»

30 Züge pro Woche, bringen Kleidung, Spielzeug und Elektronik nach Europa und fahren mit deutschen Autos, schottischem Whisky, französischen Weinen und anderen Waren zurück. Banner verkünden: «Wir sind Deutschlands Chinatown».

Deutschland und andere Westmächte stehen vor dem klassischen Dilemma, dass mit wirtschaftlichen Investitionen politische Duldung erkauft wird. Australien geriet vorübergehend durch den chinesischen Erwerb von Rohstoffen in eine Abhängigkeit, in der wirtschaftlich und politisch Duldung eingefordert wurde, eine Tendenz, die sich inzwischen auch in der EU zeigte. Im Juni 2017 blockierte Griechenland im UN-Menschenrechtsrat eine EU-Stellungnahme zu Menschenrechtsverletzungen in China. Dies war das erste Mal, dass die EU keine gemeinsame Erklärung abgab. Drei Monate zuvor hatte Ungarn seine Unterschrift unter einen Brief verweigert, der die Folter an in China inhaftierten Anwälten anprangerte.

Kaum hatten sich die Unternehmen geeinigt, eine härtere Linie zu fahren, überlegten es sich einige Firmenchefs anders. Man hatte ihnen klargemacht, dass es sich nicht auszahlt, wenn man sich mit der chinesischen Regierung anlegt. Daimler entschuldigte sich zutiefst und mehrfach dafür, in einer Werbung auf Instagram den Dalai Lama zitiert zu haben. Der chinesischen Bevölkerung war eingeschärft worden, es sei unpatriotisch, sich einen Mercedes zu kaufen.

Um Geschäfte abschließen zu können, müssen Unternehmen also gute Miene zum bösen Spiel machen. Als Merkel im September 2019 zu ihrem zwölften Staatsbesuch nach China fuhr (sie war fast in jedem Amtsjahr dort), wurde sie wie üblich von einer Wirtschaftsdelegation begleitet. Auf dem Hinflug gaben ihr die Geschäftsführer eine Liste mit sensiblen Themen wie Marktzugangsbeschränkung und die Gefahr der Industriespionage, die sie mit dem chinesischen Ministerpräsidenten Li Keqiang besprechen sollte. Nachdem sie die Wunschliste abgearbeitet hatte, musste sie feststellen, dass sie mit ihrem Einsatz für die politischen Themen allein dastand. Es hieß, Merkel sei ziemlich erbost gewesen, dass die Delegationsteilnehmer sie so im Regen hatten stehen lassen.

Die OECD stufte Deutschland bei der 4G-Geschwindigkeit auf Platz 24 unter 29 Staaten ein. Das Unternehmen, das für dieses Problem eine effektive Lösung bot, war der chinesische Konzern Huawei, dessen Technologie die Deutsche Telekom bereits seit Jahren nutzte. Huaweis Angebot galt als das technologisch fortschrittlichste und zugleich günstigste. Doch es gab massive Bedenken wegen der Sicherheit. Monatelang konnte sich die Regierung nicht einigen. Kanzleramt und Wirtschaftsministerium sprachen sich dafür aus, Huawei mit dem Netzausbau zu beauftragen, Innen- und Außenministerum stellten sich dagegen. Ohne Vorwarnung an ihr Kabinett verkündete Merkel, die Regierung würde kein Unternehmen von der Ausschreibung ausschließen. «Die Autolobby hatte sich bei ihr dafür starkgemacht», sagte mir ein langjähriger Abgeordneter. «Sie hatten Angst vor wirtschaftlicher Vergeltung.» Die parlamentarische Gegenreaktion war jedoch stark, sodass Merkel sich gezwungen sah, ihre Ankündigung zu überdenken. Immerhin konnte sie sich damit beruhigen, dass sie mit solchen Erfahrungen nicht allein stand. Andere europäische Regierungen mussten sich mit ähnlichen Komplikationen herumschlagen.

China wird heute weitaus kritischer gesehen als früher.

Europäische Staatschefs betrachten Xi Jinpins Regime als Bedrohung für das Südchinesische Meer, Asien und darüber hinaus. Besonders kritisch wird das brutale Verhalten gegenüber Hongkong gesehen. Im Herbst 2020 veröffentlichten Frankreich und Deutschland ihr jeweils eigenes Konzept einer Politik zum indo-pazifischen Raum. Während sie beabsichtigen, die Handels- und restlichen Beziehungen zu China beizubehalten, wollen sie auch intensiver als bisher Partnerschaften zu anderen Staaten jener Region aufbauen.

Zur Frage, inwieweit sich Deutschlands Stellung in der Welt seit der Wiedervereinigung tatsächlich verändert hat, erklärte mir der Politologe Jan Techau vom GMF of the United States of America: Der Kosovo-Einsatz sei nicht der Durchbruch gewesen, für den man ihn damals hielt. «Erst wenn wir beginnen, militärische Entscheidungen mit nationalem Interesse zu begründen anstelle von Auschwitz, haben wir uns wirklich verändert.» Deutschland verharre in seiner beschützten Nachkriegsrolle und weigere sich, an Militäraktionen teilzunehmen. Von den 1950er bis zu den 1980er Jahren sei diese Position vertretbar oder sogar notwendig gewesen. Doch heute lasse sie sich nicht mehr halten.

Es gibt noch eine andere Erklärung. «Der deutsche Pazifismus bezieht seine Kraft aus einer negativen Feedbackschleife – Öffentlichkeit, Medien, Politik», so die Analyse von Ulrike Franke vom European Council on Foreign Relations, einer auch in Berlin ansässigen Denkfabrik. «Er erzeugt ein moralisches Überlegenheitsgefühl und Stolz.» Virtue signalling statt Außenpolitik? Frankes Sichtweise ist auch unter deutschen Experten für Außenpolitik verbreitet. Vielleicht gibt es ein gewisses Gefühl einer vermeintlichen Überlegenheit, aber das sollte man nicht überbewerten. Wie so oft schiebt sich auch hier die Vergangenheit dazwischen. Techau vergleicht Deutschland mit Großbritannien. «Ihr Briten denkt immer, ihr seid auf der richtigen Seite der Geschichte, selbst wenn ihr es vermasselt habt. Ihr bleibt eurem alten Selbstbild verhaftet; ihr formuliert eure Identität aus eurer einstigen Größe. Ihr habt kein Problem damit, zu improvisieren. Die Deutschen haben einfach kein Vertrauen, dass sie auf der richtigen Seite stehen, wenn sie ein Risiko eingehen. Deshalb scheuen sie Risiken.» Dies scheint mir die überzeugendste Erklärung überhaupt zu sein. Deutschland im Krieg – das ist eine Vorstellung, die kein Wähler heute ins Auge fassen würde. Haben die Deutschen die Lektionen aus der Vergangenheit vielleicht zu gut verinnerlicht?

Für einen Ausländer ist es höchst lehrreich, die schöne Grenzstadt Aachen zu besuchen. Ich schlendere durch ihre schmalen Gassen. Wegweiser geben die Richtung zur Kleinstadt Vaals in den Niederlanden oder nach Kelmis in Belgien an, wo man leicht mit dem Fahrrad hinfahren könnte. Aachen ist ein Ort der Künste und Bildung, Wissenschaft und Kultur und der dramatischen Ereignisse – ein Mikrokosmos deutscher und europäischer Geschichte. Es war der Vorposten, von dem aus deutsche Soldaten im Ersten Weltkrieg nach Flandern abkommandiert wurden und an dem amerikanische Panzer im Oktober 1944 den Westwall überquerten. Schon ganze sechs Monate vor der deutschen Kapitulation stand Aachen unter Kontrolle der Alliierten.

So wurde die Stadt zum Prüfstand für den demokratischen Wiederaufbau der Nachkriegszeit. Aachen selbst sieht sich als Wiege der westeuropäischen Kultur und steht für Karl den Großen.

Von Adenauer bis de Gaulle, von Macron bis Merkel haben französische Präsidenten und deutsche Kanzler diese Stadt gewählt, um ihre Versöhnung zu besiegeln und ihre Verpflichtung zur europäischen Einigung zu bekräftigen. Das vereinte Europa erwuchs aus dem Versuch, eine abschließende Lösung für die deutsche Frage zu finden. 1950 veranstaltete Aachen die erste Verleihung des Karlspreises, mit dem Männer und Frauen aus der Politik geehrt werden, die sich um Europa verdient gemacht haben. Die Liste der Preisträger liest sich wie ein europäisches *Who is Who*. Im ersten Jahrzehnt sind es neben Adenauer und Churchill unter anderem Jean Monnet und Robert Schuman. Später kamen Jacques Delors, Bill Clinton, Papst Johannes Paul II. und Václav Havel hinzu – und Tony Blair. In jenen Tagen träumten die Menschen noch kühn von einem Europa, in dem Großbritannien eine tragende Rolle spielte.

Wie ich feststellen konnte, sind sich die Deutschen sehr wohl bewusst, dass der Wiederaufbau der Nachkriegszeit und die Wiederaufnahme ihres Landes in die Völkergemeinschaft auf der Idee Europa beruht und dass sie dafür zwangsläufig Kompromisse eingehen mussten. Die Aufgabe der D-Mark im Interesse der europäischen Integration war keine Kleinigkeit. Allerdings verschärfte die Währungsunion das Ungleichgewicht zwischen reichen und ärmeren Staaten, zwischen klug wirtschaftenden und verschwenderischen (was freilich jeder anders sah), zwischen Nord und Süd. In der Schuldenkrise, die auf den weltweiten Finanzcrash der

Jahre 2007/2008 folgte, zeigte sich in den Augen vieler Europäer wieder das Gespenst eines überaus knausrigen Deutschlands. Zwar wurde der Schuldenausgleich für Griechenland mit seinen extrem strengen Bedingungen von der Europäischen Zentralbank und dem Internationalen Währungsfonds ausgehandelt, doch hinter den Kulissen spielte Deutschland eine Schlüsselrolle. Schließlich sollte es auch einen Großteil der Gelder aufbringen. Zugleich entspann sich eine erregte Debatte um die Frage, was Griechenlands Zusammenbruch verursacht hatte. Unstrittig ist, dass das Land schwere Einschränkungen hinnehmen musste. Die Griechen reagierten mit tiefempfundener Wut – auf Transparenten in Athen war Angela Merkel mit aufgemaltem Hitlerbart zu sehen. Die Meinungsumfragen gaben jedoch größtenteils breite Unterstützung für den harten Kurs der griechischen Regierung wieder.

Am wichtigsten für das Gelingen des Projekts Europa sind allerdings die deutsch-französischen Beziehungen. Der Élysée-Vertrag, Ausdruck des besonderen Verhältnisses zwischen diesen beiden Ländern und Kernstück der europäischen Einigung, ist mittlerweile 60 Jahre alt. Angesichts der Unberechenbarkeit des fernen Amerika und nun auch noch des britischen Ausscheidens aus der EU braucht Deutschland Frankreich mehr denn je. Dass zwischen ihren Staatschefs Spannungen herrschen, ist nicht neu, doch in entscheidenden Augenblicken haben die beiden Länder stets zusammengefunden. Wie etwa Schmidt und Giscard d'Estaing in den späten 1970ern während der globalen Währungskrisen oder Kohl und Mitterrand bei der Wiedervereinigung und Schröder und Chirac im Fall des Irak. Merkel pflegte eine enge Zusammenarbeit mit den Präsidenten Nicolas Sarkozy und François Hollande. Doch seitdem Emmanual Macron mit seiner Zentrumspartei République en Marche an der Macht ist, hat Merkel zu kämpfen. Sie kann seinen großartigen Gesten nichts abgewinnen und hält seine prächtig inszenierten Anbiederungen gegenüber Trump und Putin für naiv und gefährlich. Er wiederum ärgerte sich immer stärker über ihre Zögerlichkeit und ihre Weigerung, sich seinen Bemühungen anzuschließen, ein neues Europa zu schmieden.

Der Partner, der Deutschland auf politischer Ebene vielleicht am nächsten stehen würde, ist paradoxerweise das Vereinigte Königreich. So empfindet Deutschland ehrliche Betroffenheit über Großbritanniens Abschied aus der EU, auch wenn es sich bereits wieder Neuem zuwendet. Katarina Barley, die damalige Justizministerin in der Bundesregierung, machte bei einem britisch-deutschen Dinner in Berlin 2019 die bittere Vorhersage: «Selbst wenn wir mit Ihnen zukünftig einer Meinung sind, so bleibt doch stets eine größere Distanz, denn die Familie kommt zuerst, und Sie gehören nicht mehr zur Familie.» Sie muss es wissen, denn sie ist selbst zur Hälfte britisch; ihr Vater stammt aus Lincolnshire. Zum Inkrafttreten des Brexit scheinen sich Barleys Worte zu bewahrheiten. Britische Diplomaten und andere Gesandte mussten erleben, wie schnell sie von wichtigen Diskussionen ausgeschlossen oder nur noch am Rand berücksichtigt wurden.

Deutschland braucht ein vereintes Europa nicht nur für den Handel, sondern vor allem auch aus Gründen der Sinnstiftung. Amerikas Rückzug aus Europa wird nicht mit Trump enden. Bereits im Mai 2017 äußerte sich Merkel in klaren

Worten: «Die Zeiten, in denen wir uns auf andere völlig verlassen konnten, die sind ein Stück vorbei. Das habe ich in den letzten Tagen erlebt ... Wir Europäer müssen unser Schicksal wirklich in unsere eigene Hand nehmen.»[27] Und sie fügte hinzu: «Aus der amerikanischen Warte ist Europa nicht länger der Mittelpunkt des Weltgeschehens. Das wird unter jedem US-Präsidenten so sein. Deswegen muss Europa seine eigene Weltrolle neu bestimmen.»[28]

Im Deutschland der Nachkriegszeit waren die Vereinigten Staaten die bindende Kraft. Trotz zum Teil krasser antiamerikanischer Äußerungen wurde ihr Beitrag zum Wiederaufbau und zur Entwicklung des Wohlstands von der Mehrheit der Deutschen geschätzt. Hinzu kam das sichere Wissen, das jemand da war, der das Land verteidigen würde. Die US-Einheiten, die so lange auf deutschem Boden stationiert waren, ermöglichten es den Deutschen, wieder Selbstvertrauen zu fassen. Doch wie im Deutschland von heute üblich, folgt einer Phase der Unruhe stets große Nachdenklichkeit. «Fast könnte man Donald Trump dankbar sein», schrieben die *Zeit*-Kommentatoren Bernd Ulrich und Jörg Lau. «Dass die Konstanten und Prinzipien deutscher Außenpolitik ausgerechnet von der amerikanischen Regierung in Frage gestellt werden, stellt eine enorme intellektuelle und strategische Herausforderung dar: europäische Integration, Multilateralismus, Einsatz für Menschenrechte und Rechtsstaat, regelbasierte Globalisierung – all das muss ein in Europa eingefügtes Deutschland künftig zur Not auch ohne, vielleicht sogar gegen die US-Regierung vorantreiben.»[29]

Manchen Menschen gelingt es bisweilen, mit Worten oder Taten eine Situation auf den Punkt zu bringen. So Thomas Bagger, der Leiter der außenpolitischen Abteilung des

Bundespräsidialamts, der in sich einem Artikel in der wissenschaftlichen Zeitschrift *Washington Quarterly* 2018 auf die Debatte um das «Ende der Geschichte» aus den 1990er Jahren bezog. «Gegen Ende eines Jahrhunderts, in dem es zwei Mal auf der falschen Seite der Geschichte stand, fand sich Deutschland endlich auf der richtigen wieder.» Die Menschen wollten sehnlichst glauben, dass der Kalte Krieg vorüber sei, die Demokratie gewonnen hätte und sie sich um ihr Privatleben kümmern könnten. Seit 1945 hatten die Deutschen die Vorstellung einer linearen Entwicklung in die Zukunft mit Erwartungen, die sich seit den 1990er Jahren verfestigt hatten: Die Länder würden sich schrittweise reformieren und ihre Märkte öffnen, sich zu liberalen Demokratien wandeln. Ein großer Meilenstein war die Schlussakte von Helsinki, jenes Abkommen von 1975, in dem die Anerkennung der Grenzen und die Wahrung der Menschenrechte festgeschrieben wurden. Nach dem Zusammenbruch des Kommunismus hatten sich die mittel- und osteuropäischen Staaten beeilt, sich nach westeuropäischem Vorbild neu zu ordnen. China würde ihnen bald folgen und der Arabische Frühling diese Entwicklung verstärken. Rückschläge seien nur von kurzer Dauer. Bagger schrieb: «Da in unserer Vorstellung vom immanenten Ende der Geschichte kein Platz für Autoritarismus war, konnte es sich dabei nur um letzte Zuckungen und Ausreißer handeln.»[30]

Im Januar 2021 war die dunkle Ära mit Donald Trump endlich vorüber. War sie das auch wirklich? Denn noch Wochen nach den Wahlen weigerte er sich mit immer neuen trickreichen Manövern, seine Niederlage zu akzeptieren.

Neben Trumps theatralischen Inszenierungen war der

beunruhigendste Aspekt des November 2020 der Wahlausgang selbst. Sicherlich hat Biden den größeren Stimmenanteil erhalten – in der Summe sogar mehr als die Sieger früherer Wahlen. Aber auch Trump schnitt hervorragend ab, und das trotz seiner Hetze, seiner Spaltung der Gesellschaft und seines miserablen Umgangs mit der Pandemie.

Mit Joe Biden und Kamala Harris haben die Vereinigten Staaten ein Präsidentschaftsteam gewählt, das für einen soliden Mittelweg, fundiertes Wissen und Ehrlichkeit steht – drei Eigenschaften, die dem impulsiven Agieren Trumps eindeutig fehlten.

Trumps Anhänger sahen das anders. Sie klammerten sich verzweifelt an seine Lüge, die Wahl sei ihm «gestohlen» worden. Von daher kam das gewaltsame Eindringen in das Kapitol – für die US-Amerikaner (und viele Europäer) die Festung von Freiheit und Demokratie –, rückblickend betrachtet, nicht überraschend. Auch wenn es das Ende einer Ära der bewusst geschürten Ressentiments und manipulierten Fakten ankündigte, wirkte es doch zutiefst verstörend. Es mochte zwar Trumps persönlichen Abgang darstellen, aber nicht unbedingt das Ende seiner Bewegung. Man mag sich gar nicht vorstellen, dass die Vereinigten Staaten ab 2024 von einem extremen Politiker geführt werden könnten, der in Trumps Fußstapfen treten, aber viel klüger vorgehen würde. Wie Deutschland und der ganzen Welt bewiesen wurde, sind die Demokratie und ihre Institutionen ein teures Gut – und nicht vor Angriffen gefeit.

Zunächst einmal aber können wir aufatmen, zumindest für eine gewisse Zeit ...

Die US-Diplomatie kehrte zur Normalität und im Umgang mit ausländischen Regierungen zum zuvor üblichen

Respekt zurück. Biden gab bekannt, dass er sich wieder dem Pariser Klimaabkommen anschließen und erneut in das Atomabkommen mit dem Iran einsteigen würde. Bei etlichen wichtigen politischen Themen wird die Haltung der Vereinigten Staaten für Europa jedoch nicht einfach sein, wie etwa in der zu erwartenden harten Linie gegenüber Russland (einschließlich einer klaren Ablehnung von Nord Stream 2) und China. Und in Verhandlungen mit den NATO-Mitgliedstaaten wird Biden mindestens ebenso hartnäckig wie Trump auf einem Verteidigungshaushalt von zwei Prozent des Bruttoinlandsprodukts der einzelnen Länder bestehen. Die größte Herausforderung aber wird die langfristige Verlagerung der US-Prioritäten weg von Europa und hin nach Asien sein.

In seinem Büro in Schloss Bellevue spricht Bagger mit mir über die Konsequenzen aus Trumps Amtszeit. Die Angriffslust des US-Präsidenten, erklärt er, «hat Deutschlands Konzept der Außenpolitik den Boden unter den Füßen weggezogen. Deutschland hat seine Stabilität verloren.» Dann sagte er etwas, was mir nachhaltig im Kopf geblieben ist: «Wir Deutschen haben ein Problem: Wir erwarten, dass die anderen aus den Ereignissen dieselben Schlüsse ziehen wie wir selbst.»

Wenn Merkel die Weltbühne verlässt, wird, wer immer ihr folgt, die Wähler davon überzeugen müssen, dass die Komfortzone verlassen werden muss. Das Ende der Geschichte ist eine Illusion, das Überleben der liberalen Demokratien keineswegs selbstverständlich. Die Aufgaben beginnen gleich an Deutschlands Grenzen. Deutschland ist länger verwöhnt worden, als ihm guttat. Aber das ist nun vorbei.

KAPITEL 5

# Der eigenartige deutsche Weg

## Kann Deutschland noch Wirtschaftswunder?

L*angsam, aber sicher* – Produktion und Technik, Export, solide öffentliche Finanzen, gut ausgebildete Arbeitnehmer, gesellschaftlicher Zusammenhalt. Deutsche Wertarbeit. Das Herz von all dem: der Mittelstand, der rund drei Viertel der Arbeitnehmer des Landes beschäftigt und mehr als die Hälfte seiner Wirtschaftsleistung erbringt – das wirtschaftliche und gesellschaftliche Rückgrat.

Zwei Drittel der weltweit erfolgreichen Mittelstandsunternehmen in Deutschland haben ihren Sitz in Gemeinden mit weniger als 50000 Einwohnern. Wenn man nur die alten Bundesländer betrachtet, dann haben Kleinstädte eine gewisse Abwanderung erlebt, aber der Exodus in die großen Städte ist viel geringer als zum Beispiel in Frankreich, England, Polen oder Spanien. Doch nicht bloß die familieneigenen Unternehmen bleiben ihren Ursprüngen treu. Mercedes und Bosch sind in Stuttgart beheimatet; Siemens und BMW in München, Thyssenkrupp in Essen, VW in Wolfsburg, Adidas im kleinen Herzogenaurach, SAP (eines der wenigen erfolgreichen deutschen Technologieunternehmen) in Walldorf südlich von Heidelberg. Diese Liste ließe sich fortsetzen. Während sich in vielen anderen Ländern der Welt Industrie und Dienstleistungen in bestimmten Regionen konzentrieren, bleiben in Deutschland Produktion und internationales Business den Regionen treu.

Zur Regionalisierung kommt Spezialisierung. Der Business-Stratege und Autor Hermann Simon prägte den Begriff «Hidden Champions»[1], die heimlichen Gewinner, womit relativ unbekannte Unternehmen gemeint sind, die sich oft ganz auf eine enge Nische konzentrieren und in ihrem Marktsegment führend sind. Sie sind meist inhabergeführt, arbeiten zielstrebig in ihrem Premiumbereich und sind ganz auf ihr Produkt spezialisiert. Gewöhnlich sind sie, anders als die großen börsennotierten Unternehmen, in der Öffentlichkeit nicht bekannt. «Unter den Schlagzeilen sensationeller Geschäftserfolge verbirgt sich eine völlig unbemerkte Quelle von Führungsweisheit», schreibt Simon. Er zählt 2700 solche Unternehmen weltweit, die Hälfte davon deutsche. Mit großem Abstand folgen die USA und weit abgeschlagen sind Japan und China sowie andere europäische Länder.

Von einem deutschen Unternehmen wird heute erwartet, dass es Bürgersinn zeigt sowie sich in Sport und Kultur engagiert. *Mitmachen* lautet die Devise. Im Gegensatz zu anderen Ländern zeigen Unternehmer starke lokale Verbundenheit. In Neuss lerne ich Tim Hörnemann kennen. Seine Firma ist durch und durch deutsch. Sie operiert global, aber bleibt lokal verwurzelt. Er führt mich durch die Produktion. Natsu, so der Firmenname, importiert gefrorenen Lachs und Krabben aus Norwegen. In modernsten Anlagen wird der Fisch aufgetaut, der Reis (aus Valencia) gedünstet und Wasabi (aus China) beigegeben, die Arbeiter, hauptsächlich aus Osteuropa, ordnen die exakt geschnittenen Stücke blitzschnell an. Dann gehen die Fertiggerichte in Containern auf Lastwagen durch Deutschland und Europa bis Schottland. Wir reden über Unternehmenskultur. «Der bloße Gedanke an den Verkauf meines Unternehmens verursacht mir Magenkrämpfe», sagt Tim. «Die Nachbarn würden einen schief ansehen.» Sein Freund Tom Bolzen, ein ökologisch orientierter Architekt, pflichtet ihm bei. «Das hieße, sich aus der Verantwortung stehlen. Man würde als Feigling betrachtet werden», sagt er. Ziel ist es, das beste Unternehmen aufzubauen, nicht, persönlich der Beste zu sein. Bloß keine Angeberei. Es fällt das Wort *Demut*. Sie geben zu, dass sie es leicht hatten im Gegensatz zur Nachkriegsgeneration ihrer Eltern, die ihre Unternehmen und Gemeinden aus dem Nichts aufbauen mussten.

Ludwig Erhards radikale Reformen als Direktor der Verwaltung für Wirtschaft in den westlichen Besatzungszonen führten zu einem unmittelbaren Aufschwung der westdeutschen Wirtschaft nach dem Krieg. Bislang hatten die Deutschen etwa zehn Arbeitsstunden pro Woche mit dem sogenannten «Hamstern» verbracht, dem Organisieren von Lebensmitteln und anderen dringend benötigten Dingen. Innerhalb weniger Monate ging das auf vier Stunden zurück. Am Vorabend der Währungsreform und der Aufhebung der Preiskontrollen im Jahr 1948 war die Industrieproduktion in Deutschland halb so hoch wie 1936, Ende 1948 erreichte sie schon 80 Prozent dieses Vergleichswerts.[2] Henry Wallich, Professor für Ökonomie an der Universität Yale und später Mitglied des Gouverneursrats der Federal Reserve, schrieb 1955 in seinem Buch *The Mainsprings of the German Revival*:

«Die Stimmung im Land änderte sich über Nacht. Die graugesichtigen, hungrigen, leblos wirkenden Gestalten, die auf der ständigen Suche nach Nahrung in den Straßen umherwanderten, wurden auf einmal lebendig.»[3] Im Jahr 1958 war die Industrieproduktion schon viermal so hoch wie ein Jahrzehnt zuvor. Die westdeutsche Wirtschaft wuchs im Schnitt um 8 Prozent pro Jahr (das entspricht dem heutigen Richtwert der chinesischen Regierung für ihre aufstrebende Nation). Dieser Zuwachs war doppelt so hoch wie der aller anderen Volkswirtschaften in Westeuropa. Schon 1968, kaum mehr als zwei Jahrzehnte nach dem Ende des Krieges, übertraf die Leistung der westdeutschen Wirtschaft die des Vereinigten Königreichs. Und dieser Trend setzte sich unaufhaltsam fort. Im Jahr 2003 war Deutschland der größte Exporteur nach Osteuropa und überflügelte im Jahr 2005 die USA als Exporteur von Maschinen nach Indien. Die Mehrzahl der Autos, die China einführt, kommt aus Deutschland. Besonders beeindruckend ist, dass Deutschland die USA im Jahr 2003 als größten Warenexporteur der Welt überholte – eine Position, die es bis 2010, als sie an China ging, hielt.

Während der 1990er und 2000er Jahre lag das Wirtschaftswachstum in Deutschland unter dem Durchschnitt der Eurozone. Die Riesenaufgabe, die Wirtschaft der DDR einzugliedern, hätte jede andere Volkswirtschaft in die Knie gezwungen. Damals verspottete man Deutschland gerne als Dinosaurier. Der *Economist* schrieb 1999 in einem vielbeachteten Leitartikel, den die Entscheidungsträger und Politiker in Berlin bis heute nicht vergessen haben: «Die deutsche Wirtschaft stagniert erneut, und Deutschland wird als der kranke Mann (oder sogar als Japan) Europas bezeichnet.»[4] Was lange Zeit als die Stärken Deutschlands erklärt wurde, galt auf einmal als Schwächen. Die Sehnsucht nach Stabilität hätte dem Arbeitsmarkt die Flexibilität genommen, hieß es, und der Wohlfahrtsstaat sei zu spendabel geworden.

Das Wirtschaftswunder erzeugte nicht nur Wachstum, es war auch ein soziales Projekt. Die wirtschaftspolitischen Vorstellungen von Ludwig Erhard und anderen Vordenkern jener Tage beruhten auf der Idee der «sozialen Marktwirtschaft», ein Begriff, den der Ökonom und Soziologe Alfred Müller-Armack geprägt hatte. Ihm schwebte eine «neue Synthese» aus freier Marktwirtschaft und sozialer Sicherheit vor. Die Politik sollte alles tun, um den größtmöglichen Wohlstand aus dem Markt herauszuholen, um ihn dann nach dem Grundsatz der sozialen Gerechtigkeit zu verteilen. Anders ausgedrückt – ein jeder soll das Gefühl haben, dazuzugehören. Das findet man so kaum in anderen Ländern.

Herzstück des deutschen Modells ist die Mitbestimmung. Sie wurde 1976 gesetzlich verankert und verlangt von großen Unternehmen, die Hälfte der Sitze im Aufsichtsrat den Vertretern der Arbeitnehmerschaft zu überlassen, die meist von den Gewerkschaften gewählt werden. Bei Unternehmen mittlerer Größe ist es immer noch ein Drittel der Sitze. In anderen Ländern, insbesondere in den USA und Großbritannien, gilt eine derartige Machtaufteilung zwischen Arbeitgebern und Gewerkschaften als sozialistisches Teufelswerk. Doch Deutschland hat mit Varianten dieses Systems schon seit den Anfängen der industriellen Revolution experimentiert. Nur die Nationalsozialisten versuchten, die organisierte Arbeiterschaft zu brechen. Immerhin begannen in den 1980ern, der Blütezeit des Thatcherismus und Reaganismus, auch in Deutschland einige laut die Frage zu stellen, ob das angelsächsische System des Heuerns und Feuerns nicht doch mehr Wachstum und Produktivität erzeuge. Daraufhin versuchte Helmut Kohl die Verhältnisse durch Einschränkungen der Geltung von Tarifverträgen und durch die Reduzierung der Macht der Betriebsräte neu zu ordnen. Beide Initiativen wurden rasch begraben – auf Wunsch der Arbeitgeber. Sie hatten längst eingesehen, dass sie mit dem System starker Gewerkschaften und klarer Regeln besser fuhren als mit einer schwächeren, dafür aber unzufriedenen und weniger berechenbaren Arbeitnehmervertretung.

In einer vom MIT, der Universität von Kalifornien in Berkeley und dem Institut für Arbeitsmarkt- und Berufsforschung durchgeführten Studie wurden mittelständische deutsche Unternehmen mit und ohne Arbeitnehmervertreter im Aufsichtsrat miteinander verglichen – mit verblüffenden Ergebnissen. Unternehmen mit Arbeitnehmervertretung verfügten über 40 bis 50 Prozent mehr langfristig angelegtes Aktienkapital als die ohne. Mit anderen Worten, die Beteiligung von Arbeitnehmervertretern im Aufsichtsrat führt zu deutlich höheren Investitionen. In Unternehmen mit geteilter Verantwortung stiegen die Löhne schneller, bei allerdings parallel gesteigerter Produktivität der Arbeitnehmer. Bei den Gewinnsteigerungen gab es keine Unterschiede, die Rentabilität lag in der Gruppe mit Arbeitnehmervertretung leicht höher, mindestens aber genauso hoch wie in der anderen Gruppe. Kurz, Mitbestimmung erwies sich in allen Unternehmensbelangen als neutral bis ausgesprochen vorteilhaft. Und dennoch beharren Verfechter der klassischen freien Marktwirtschaft darauf, dass Arbeitnehmer im Aufsichtsrat nur Eigeninteressen vertreten, den Fortschritt blockieren und höhere Löhne herauszuschlagen versuchen.

Im Bundesverband der Deutschen Industrie in Berlin

diskutierte ich mit Stefan Mair, damals im Vorstand des BDI, heute Direktor des Deutschen Instituts für Internationale Politik und Sicherheit, über Kapitalismus und Verantwortung, ein inzwischen auch in anderen Ländern aktuelles Thema. Er sang ein Loblied auf die Gewerkschaften und sprach von Umverteilung. Deutsche Unternehmenschefs achten sehr genau auf den Aktionärswert, aber er ist für sie nicht alles. «Auch der soziale Zusammenhalt ist eine wichtige Investitionsentscheidung», meinte er. Auf meine Bitte, dies zu erläutern, erklärte er, man müsse ein marktfreundliches Klima schaffen, aber auch Institutionen und Normen, die zu einer gerechten Verteilung der erwirtschafteten Gewinne führen. Und Verantwortung für seine Arbeitskräfte zeigen. Während und unmittelbar nach der letzten Finanzkrise gaben sich deutsche Unternehmen größte Mühe, keine Arbeitnehmer zu entlassen, ebenso während der Corona-Pandemie. Es wurde Kurzarbeit eingeführt, die Belegschaft gebeten, den Jahresurlaub vorzuziehen oder unbezahlten Urlaub zu nehmen – kurz, man tat alles, was half, Entlassungen zu vermeiden. Im Vertrauen darauf, dass die Geschäfte wieder anlaufen würden, wollte man es vermeiden, neues Personal suchen zu müssen. Die Arbeitnehmer akzeptierten den kurzfristigen Verzicht, um ihre Stelle zu behalten. «Das hat dazu beigetragen, dass wir uns relativ rasch erholt haben. Es war eine vernünftige Entscheidung.» Das Konzept der Kurzarbeit wurde inzwischen von anderen Ländern übernommen, die derzeit versuchen, die Arbeitnehmer vor den Folgen des Corona-Shutdowns der Wirtschaft zu schützen.

Der Historiker Werner Abelshauser stellt in seinem vielbeachteten Buch *The Dynamics of German Industry: Germa-*

*ny's Path toward the New Economy and the American Challenge* von 2005 fest, dass die zwei führenden Wirtschaftsnationen des 20. Jahrhunderts, die USA und Deutschland, sich lange parallel entwickelt haben. Erst in den 1980ern begannen sie auseinanderzudriften, als die Deregulierung und das Prinzip des schnellen Geldes von Reagan und Thatcher eingeführt wurden – ganz nach ihrem Idol Milton Friedman. In einem Interview mit der *Zeit* unter der Schlagzeile «Sind wir nicht die Reichsten?» erläuterte Abelshauser, dass die Finanzkrise von 2008 sowohl die moralische Überlegenheit als auch die höhere Effektivität des *German Way* bewiesen habe. Die Deutschen würden ihr Glück nicht so sehr von persönlichem Gewinnstreben abhängig machen wie die Menschen in anderen Ländern. Sie hätten stets auch das Gemeinwohl im Auge. «In Deutschland gilt traditionell der Staat als Garant für die wirtschaftliche Entwicklung», sagte er.[5]

Die Suche nach Konsens im Aufsichtsrat könnte nun gleichgesetzt werden mit Verhinderung von Spontaneität und raschem Reagieren. Doch die Deutschen sehen keinen Widerspruch zwischen wirtschaftlichem Erfolg und sozialem Zusammenhalt. Es ist bemerkenswert, wie es dieses Land abgesehen von kurzen Phasen geschafft hat, den Wirtschaftsmotor am Laufen zu halten, anscheinend ohne dass die Menschen besessen wären von Arbeit. Im Februar 2000 hat Frankreich per Gesetz die 35-Stunden-Woche eingeführt, kein Arbeitgeber darf Angestellte darüber hinaus arbeiten lassen, Überstunden in festgelegtem Rahmen erfordern immer eine Einigung. Das Gesetz sollte dazu beitragen, die Beschäftigung und Produktivität zu steigern. Das Ergebnis kann man allenfalls als gemischt betrachten, je nach angelegtem Maßstab. Deutschland verfährt hier weniger starr, geht aber in gewisser Weise weiter als Frankreich. So hat die Präsenz von Gewerkschaftsvertretern in den Aufsichtsräten den Effekt, dass man dort ohne die endlosen Streiks auskommt, die seit Jahrzehnten die französische Arbeitswelt prägen. In Deutschland sind Streiks stets das allerletzte Mittel – und sie führen in aller Regel zu einem Kompromiss.

Anfang 2018 erreichte die IG Metall, dass alle Beschäftigten in der Elektro- und Metallbranche Anspruch haben, ihre Arbeitszeit bis zu zwei Jahre lang von 35 auf 28 Wochenstunden zu reduzieren, um sich um Kinder, Ältere oder kranke Angehörige zu kümmern – zusätzlich zu einer kräftigen Erhöhung des Stundenlohns.[6] Die Arbeitgeber sind verpflichtet, ihnen am Ende einer solchen Phase ihren Vollzeitstatus zurückzugeben, sofern die Mitarbeiter es wünschen. Dies löste einen Dominoeffekt in der gesamten Industrie aus; als Nächstes folgte die Eisenbahn- und Verkehrsgewerkschaft EVG mit einer ähnlichen Vereinbarung. Bezeichnenderweise wurde den Beschäftigten der Deutschen Post die Wahl zwischen einer fünfprozentigen Lohnerhöhung oder 100 zusätzlichen Urlaubsstunden binnen zwei Jahren gelassen. Bei einer Befragung durch ver.di, der Gewerkschaft für Arbeitnehmer der Deutschen Post und anderer Dienstleistungsunternehmen, entschieden sich 56 Prozent für mehr Urlaub, «Entlastungszeit» genannt, und 41 Prozent für mehr Geld.

Umso erstaunlicher, dass ein Land, das so stolz auf seine soziale Marktwirtschaft ist, derart lange brauchte, um landesweit einen Mindestlohn einzuführen. Erst 2015 wurde er Gesetz, 45 Jahre später als in Frankreich und 16 Jahre später als in England. Nicht nur die Arbeitgeber leisteten Widerstand (das tun sie in dieser Frage gewöhnlich überall), sondern auch die Gewerkschaften, die eine Schwächung ihrer Verhandlungsmacht befürchteten. In anderen Ländern, so ihr Argument, sei der Mindestlohn notwendig, weil die Arbeitnehmer dort keinen Schutz hätten, in Deutschland jedoch durch die Mitbestimmung abgesichert seien. Vor dem Hintergrund rückläufiger Mitgliederzahlen – wenn auch weniger stark als sonst in der Welt – war diese Position wohl eher von Eigeninteresse als von Grundsätzen der Interessenvertretung bestimmt. Vor der endgültigen Verabschiedung des Gesetzes im Jahr 2013 und seiner Einführung im Jahr 2015 verdienten schätzungsweise 10 Prozent der Deutschen, nahezu allesamt nicht gewerkschaftlich organisiert, weniger als den Mindestlohn von 8,50 Euro pro Stunde.

In der Vergangenheit mussten sich viele Arbeitnehmer auf die Absicherung durch Unternehmen verlassen, die ihnen Betriebsrenten, Betriebssport und Kindergärten anboten und damit ein Gefühl von Zugehörigkeit förderten. «Die soziale Marktwirtschaft funktioniert gut für Bürger, die einen klassischen Arbeitsplatz haben», erklärt Christian Odendahl vom Centre for European Reform. «Wenn man da rausfällt, endet man im Dienstleistungssektor, wo man als Arbeitnehmer zweiter Klasse betrachtet wird.» Er meint damit die Beschäftigten der Gig Economy, die mit informellen oder Null-Stunden-Verträgen als Reinigungskräfte, Sicherheitspersonal oder Auslieferungsfahrer arbeiten.

Die Hartz-Reformen galten besonders unter Linken als einschneidender Wendepunkt, als Sprung in die raue Welt der ungezügelten freien Märkte. Bis heute sind sie Gegenstand kontroverser Debatten. Schröder wurde 2005 in der von ihm angesetzten vorgezogenen Bundestagswahl als Kanzler abgewählt – ein hoher Preis, den seine Partei für die

Reformen zahlen musste. So radikal sie sich für deutsche Verhältnisse ausnahmen, so wenig waren sie es im globalen Vergleich. Die ökonomischen Früchte davon erntete Angela Merkel, die klug genug gewesen war, sich aus der Sache herauszuhalten und so nicht mit dieser Politik identifiziert wurde. Wettbewerbsfähigkeit und Produktivität stiegen, die Arbeitslosigkeit ging zurück. Deutsche Unternehmen machten fleißig Geschäfte mit Osteuropa und den BRICS-Staaten, die boomten und Kapital im Überfluss hatten. Die Exporte erreichten wieder Rekordwerte: In den sieben Jahren vor der Finanzkrise nahmen sie um 75 Prozent zu, verglichen mit 20 Prozent bei Deutschlands Konkurrenten.[7]

Auch nach den Hartz-Reformen zeigt sich die deutsche Wirtschaftspolitik eher risikoscheu, kommen Innovationen langsam voran. In vielen Bereichen der Digitalisierung hinkt das Land hinterher – vom bargeldlosen Zahlungsverkehr bis zur öffentlichen Verwaltung. Deutschland sei in vielen Bereichen Marktführer, meint der ehemalige Siemens-Vorstandsvorsitzende Joe Kaeser, woraus sich eine ablehnende Haltung gegenüber disruptiven Veränderungen ergebe. Ich sprach mit ihm auch über die gesellschaftliche Stigmatisierung des Scheiterns und führte das Beispiel eines südkoreanischen Unternehmers an, der, gerade Mitte zwanzig, auf einer Konferenz stolz erklärt hatte, schon sein fünftes Start-up gegründet zu haben. Die ersten vier waren gescheitert, beim fünften nun hatte es geklappt. «Fail Fast», «Schnell Scheitern», ist ein im amerikanischen und asiatischen Management gängiges Konzept. Kaeser berichtet, dass Amerikaner auf einem Bezirksgericht einfach die Insolvenz ihres Unternehmens erklären können, um anschließend einen Stock höher ein neues Unternehmen anzumelden. Das ist in Deutschland so nicht möglich. Der Softwareriese SAP, eines der jüngsten Unternehmen, das im Deutschen Aktienindex DAX gelistet ist, wurde bereits 1972 gegründet, was womöglich erklärt, warum sich Deutschland so schwer mit Technologie und Start-up-Kultur tut. Allein der Marktwert des weltweit größten Unternehmens, Apple, entspricht heute dem Gesamtwert aller im Deutschen Aktienindex gelisteten Unternehmen.

Erst allmählich ändert sich das Bild der Deutschen von unternehmerischer Selbständigkeit, die lange als riskant und wenig attraktiv galt. Um 2015 hatte Berlin den höchsten Anteil an Unternehmensgründungen aller europäischen Städte. Wagniskapital-Investitionen in Technologieunternehmen mit Sitz in Deutschland verzeichnen mittlerweile eine Steigerungsrate von 60 bis 80 Prozent. Der größte Teil davon fließt in die Hauptstadt, die inzwischen mit London um die klügsten Köpfe Europas wetteifert. Auch Frankfurt und München werden für Investoren immer attraktiver. Es herrscht kein Mangel an deutschen Erfolgsgeschichten, insbesondere im E-Commerce und Blockchain-Bereich – der Online-Versandhändler Zalando, der Online-Lieferdienst für Restaurantbestellungen Delivery Hero, der Online-Musikdienst Soundcloud, Investoren und Business Angels wie Rocket Internet und Cherry Ventures. Die Mutter aller dieser Unternehmen, der Preisvergleicher Idealo, der im Jahr 2000 startete, als von einem Technologiesektor praktisch noch keine Rede sein konnte. Inzwischen sind alle auf den fahrenden Zug aufgesprungen. Bill Gates hat Geld in ein Wissenschaftsnetzwerk gesteckt, sein Nachfolger bei Microsoft, Steve Ballmer, eröffnete einen Accelerator des Unternehmens in Berlin. *Corporate Deutschland* macht mit. Auch der Zeitungsverlag Axel Springer hat gemeinsam mit Porsche einen Accelerator namens APX eröffnet. Er ist in einer Nebenstraße unweit des ehemaligen Checkpoint Charlie angesiedelt, drinnen bietet sich einem das übliche Bild mit Millennials und Leuten der Generation X in Hoodies und T-Shirts, die alle englisch sprechen.

Berlin mit seiner besonderen Atmosphäre bietet der Techbranche Vor- und Nachteile. Google, das im Zentrum der Stadt eine große Vertretung hat, plante, dort seinen siebten Campus zu eröffnen (Drehkreuz für die Technologie-Gründerszene, wie es sie schon in London, Madrid, Tel Aviv, Warschau und anderswo gibt), gab aber nach zwei Jahren anhaltender Proteste auf. Das Unternehmen hatte ein ehemaliges Elektrizitätswerk in Kreuzberg als Standort ins Auge gefasst. Alles schien perfekt, Mozilla, WeWork und andere waren schon da. Niemand hatte jedoch damit gerechnet, dass die Bewohner die Megakonzerne aus Silicon Valley als Eindringlinge betrachteten. Nun hat Google die ehemalige Agfa-Filmfabrik in Alt-Treptow bezogen. Ich gehe mit Martin Eyerer, der Mitgeschäftsführer und gleichzeitig einer von Deutschlands bekanntesten DJs ist, durch das Gründerzentrum mit seinem Mix aus etablierten Unternehmen (Siemens, Audi, Daimler) und Hipsterszene. Im Besprechungsbereich gibt es eine Ecke mit weichen Bällen zum Ausruhen, den «Ball Pit». Ein Drittel der insgesamt 4000 Factory-Angehörigen beider Standorte sind Deutsche, die übrigen kommen aus 70 verschiedenen anderen Ländern. Die alteingesessenen Kreuzberger Hippies begegnen dem Zustrom der Hipster mit Argwohn. Sie sind ihnen zu «kapitalistisch», sagt Eyerer, und fügt hinzu: «Hier trifft 1968 auf die alte DDR.» Seine Frustration ist verständlich.

Nicht nur die Älteren wehren sich gegen Veränderungen, sondern auch ein großer Teil der Jungen und der politisch eher links Denkenden. Tief in meinem Innern kann ich irgendwie verstehen, dass sich viele alteingesessene Bewohner Berlins und anderer Städte übergangen fühlen.

Im Ganzen herrscht in Deutschland zwar weniger Ungleichheit als in anderen Ländern, aber doch mehr, als man manchmal denkt. Der das Maß der Ungleichverteilungen beziffernde Gini-Koeffizient weist Deutschland einen Platz etwa in der Mitte der 36 OECD-Staaten zu, knapp hinter den skandinavischen Ländern, aber immer noch deutlich vor den USA und dem Vereinigten Königreich und kurz vor Frankreich. Seit den Hartz-Reformen hat sich die Ungleichheit in der Einkommensverteilung verschärft. Im Jahr 2019 fanden sich in der Aufstellung des *Forbes*-Magazins 120 deutsche Dollarmilliardäre, mehr als doppelt so viele wie in Großbritannien. Somit kommt auf 727 000 Deutsche ein Milliardär, kein sehr großer Abstand zu den USA, wo es einen Milliardär pro 539 000 Einwohner gibt. Irland, dessen Pro-Kopf-Einkommen nur knapp unter dem der Deutschen liegt, hat lediglich sechs Milliardäre aufzuweisen.[8] Ein neuerer Bericht des Deutschen Instituts für Wirtschaftsforschung (DIW) kam zu dem skandalträchtigen Ergebnis, dass 45 der reichsten Haushalte in Deutschland insgesamt über so viel Vermögen verfügen wie die Hälfte der Bevölkerung.[9] In den USA und anderen Ländern verfolgen die Ultrareichen mit Argusaugen ihre Position auf den von *Forbes* oder der *Sunday Times* regelmäßig veröffentlichten Listen mit den reichsten Persönlichkeiten. Ganz anders in Deutschland: Ob nun an der Spitze der Ranglisten oder nicht, die Superreichen bemühen sich nach Kräften um Diskretion.

Ihr Reichtum besteht nur zum geringsten Teil aus «altem Geld», das durch die Nazi-Diktatur und zwei Weltkriege weitgehend vernichtet wurde. Viele der Superreichen haben ihr Geld im Mittelstand verdient. Nummer eins auf der Liste der reichsten Deutschen ist Dieter Schwarz von Lidl. Die Inhaber des Supermarkt-Rivalen Aldi, die Familie Albrecht (Aldi Süd), kommen auf Platz fünf, gefolgt von der Familie Würth, deren Firma im baden-württembergischen Künzelsau Schrauben und andere Eisenwaren herstellt. Viele dieser Unternehmen sind nach wie vor in Familienbesitz, einige haben Stiftungen gegründet. Auch wenn sie sich alle die üblichen Statussymbole der Reichen leisten können, zeigen sie ihr Geld in der Öffentlichkeit nicht. Das gilt als geschmacklos.

Fast die Hälfte der Deutschen gibt in Umfragen an, dass es ihnen peinlich wäre, etwas auf Kredit kaufen zu müssen. In England hat jeder Erwachsene im Schnitt 4300 Pfund Schulden in Form von Kontoüberziehungen, Krediten und Kreditkartenverbindlichkeiten.[10] Für Deutsche ist das undenkbar. Risikobasierter Vermögenserwerb (fast nirgendwo in der westlichen Welt haben so wenige Menschen Wohneigentum) ist ihre Sache nicht, vielmehr streben sie nach möglichst risikoloser Absicherung der eigenen Zukunft. Sie haben mit gesetzlicher Rente, betrieblicher Vorsorge und privater Absicherung ein normales Alterssicherungssystem. Wie andere Länder auch versucht die deutsche Regierung, die Probleme einer alternden Bevölkerung ohne allzu große soziale Verwerfungen zu bewältigen. Das Renteneintrittsalter soll schrittweise auf 67 Jahre angehoben und die maximale Rente von 70 auf 67 Prozent des Nettolohns gesenkt werden. All diese Entscheidungen erforderten reifliche Überlegung.

Die für Unmut sorgende Stagnation der Löhne seit der Finanzkrise 2008 hat die Geringverdiener am stärksten getroffen. Die Entscheidung, Entlassungen zu vermeiden, setzte die Einigung auf Lohnzurückhaltung voraus. Auch die Folgen aus der Konzentration auf den Export wurden spürbar. Deutschland war auch deshalb auf so vielen Märkten dominant, weil es die Lohnstückkosten gering hielt.

Etwa zwölf Millionen Deutsche, knapp über 15 Prozent der Bevölkerung, gelten nach internationalem Maßstab als armutsgefährdet, das heißt, ihr Einkommen beträgt weniger als 60 Prozent eines Durchschnittshaushalts und sie verfügen über weniger als 900 Euro im Monat.[11] Dies ist die höchste Zahl seit den schwierigen Jahren nach der Wiedervereinigung. Viele zählen zu den sogenannten «Working Poor», Menschen, die trotz Anstellung kein ausreichendes Einkommen haben und auf Sozialunterstützung angewiesen sind. Im Jahr 2015 waren knapp drei Millionen Kinder und Jugendliche, insgesamt also jeder fünfte Heranwachsende, armutsgefährdet. Die eigentliche Armut versteckt sich bei den alten Menschen. Die Zahl der Rentner, die in Armut leben, ist in den letzten 10 Jahren um 33 Prozent und damit stärker als in anderen gesellschaftlichen Gruppen gestiegen.[12]

Die Regierung Johnson hat für Großbritannien die Parole «Levelling Up» ausgegeben. Gemeint ist ein Abbau des chronischen Gefälles zwischen dem Norden und dem Süden Englands bei Investitionen und Lebensstandard. In Deutschland hat man mit dem «Lastenausgleich» versucht, den Unterschied zwischen den verschiedenen Bundesländern von Anfang an in den Griff zu bekommen. Nach der Wiedervereinigung erreichten diese Bemühungen durch den Solidaritätszuschlag ein neues Niveau. Doch trotz aller Anstrengungen nehmen die regionalen Unterschiede zu, und das nicht nur zwischen Ost und West. Im vergangenen Jahrzehnt ist die Armut in 35 von 95 untersuchten Verwaltungsbezirken zurückgegangen, viele davon im Osten gelegen. Doch in mehr als einem Viertel ist sie angestiegen.[13]

Ausgesprochen schlecht steht es hingegen um die deutschen Banken, und zwar um ihre globalen wie ihre heimischen Geschäfte. Miserable Unternehmensführung, zweifelhafte Kreditentscheidungen sowie unzureichende Investitionen in Technik und Verwaltung haben verhindert, dass Frankfurt es mit globalen Finanzzentren wie London und New York aufnehmen konnte. Die Banken haben auf ganzer Linie versagt, am deutlichsten zu sehen an der Deutschen Bank, einst Vorzeigeunternehmen, das sich im vergangenen Jahrzehnt zur Blamage für den Staat entwickelt hat. Auch andere große Banken rund um die Welt haben an Ansehen eingebüßt, doch gerade in Deutschland galten Arroganz, Waghalsigkeit und Inkompetenz bislang nicht als Tugenden. Der Verfall setzte ein, als die Deutsche Bank Ende der 1980er Jahre auf die Idee kam, es mit den Haien der Wall Street aufzunehmen und auf Kauftour zu gehen. Nach ihrem Börsengang an die New York Stock Exchange schließlich verhedderte sich die Bank wie alle anderen Großbanken auch in zweifelhaften Kreditgeschäften, Auslöser der weltweiten Finanzkrise des Jahres 2008. Noch als die Märkte schon zusammenbrachen, verkaufte sie ihre Investments, die auf faulen Krediten beruhten, und begann schließlich selbst gegen diese rasch an Wert verlierenden Produkte zu wetten.

Als sich die Schlinge um die Verantwortlichen enger

zog, reagierte die Bank nicht mit Entschuldigung und Einsicht, sondern versuchte, die Whistleblower einzuschüchtern. Im Jahr 2008 gab die Bank ihren ersten Jahresverlust seit fünf Jahrzehnten bekannt, vier Milliarden Euro. «Auch wir haben Fehler gemacht»[14], räumte Deutsche-Bank-Chef Ackermann ein, versuchte damit die Verfehlungen kleinzureden und die Verantwortung zu verschieben. Nach immerhin einem Jahrzehnt an der Spitze wurde er schließlich abgelöst. 2016 wurde die Bank von US-amerikanischen und britischen Aufsichtsbehörden wegen Manipulationen des Leitzinses Libor zu einer Rekordstrafe von zwei Milliarden Euro verurteilt. Im folgenden Jahr bekam sie eine Strafe von weiteren 500 Millionen Euro, weil sie es versäumt hatte, russische Geldwäsche zu unterbinden. Im Jahr 2019 forderte der US-Kongress die Deutsche Bank auf, Dokumente über ihre Geschäfte mit Donald Trump herauszugeben, zu dessen größten Kreditgebern sie gehörte. Sie hielt dem Immobilienmogul auch dann noch die Treue, als ihm US-Banken keine Kredite mehr gewähren wollten.

Und sogar die stets hochgehaltenen Landesbanken waren gierig geworden und hatten sich auf zweifelhafte Investitionen eingelassen. Niemand hätte sich vorstellen können, dass sie, die eigentlich dazu da waren, Unternehmen in der Region mit Krediten zu versorgen, jemals pleitegehen könnten. In der Folge blieb den Landesregierungen, die oft mit im Aufsichtsrat saßen, nichts anderes übrig, als Rettungspakete für sie zu schnüren. Einige Banken brachen zusammen, manche fusionierten, andere wurden privatisiert.

Die Gier nach Geld zeigte sich auch an einem gehörigen Anteil an Steuerhinterziehern im Land und dem Dauerproblem von Finanzskandalen und Unternehmenskorruption. Dennoch schneidet Deutschland in der jährlichen Erhebung von Transparency International recht gut ab. Im Jahr 2019 stand es auf Platz 9 der am wenigsten korrupten Länder der Welt – natürlich hinter den skandinavischen Ländern, Neuseeland und Singapur, aber noch vor dem Vereinigten Königreich oder den USA und Frankreich.

Doch wenn es in Deutschland zu einem Skandal kommt, dann gleich richtig. So geht das Ausmaß der VW-Abgasaffäre auch darauf zurück, dass die Automobilbranche in Deutschland die Politik immer fest im Griff hat (ein Thema im nächsten Kapitel). Und auch die Wirecard-Affäre beruht nicht nur auf Fehlverhalten, sondern deckte alarmierende strukturelle Schwächen des Staates auf. Im Juni 2020 meldete Wirecard schließlich mit 3,5 Milliarden Euro Schulden Insolvenz an. Geschäftsführer Markus Braun wurde unter dem Verdacht der Bilanzfälschung verhaftet. Rund 1,9 Milliarden Euro schienen sich in Luft aufgelöst zu haben. Was war da schiefgegangen? Das Versagen der Regulierungsbehörde wurde offensichtlich, sämtliche Überwachungsinstanzen hatten versagt, obwohl sie fast alle letztlich unter Aufsicht des Finanzministeriums standen. Finanzminister Olaf Scholz hat angekündigt, das System reformieren zu wollen – wann und wie das geschehen soll, bleibt abzuwarten. Auch die Corporate Governance hat versagt, und das nicht zum ersten Mal. Aufsichtsräte werden zu häufig von den immer gleichen alten Kandidaten, die sich untereinander kennen, besetzt. Dabei verstand sich Wirecard paradoxerweise als Teil einer neuen Generation, die die bargeldlose, technikorientierte Gesellschaft voranbringen wollte, und war einer der Lieblinge des DAX.

Auf der anderen Seite kämpft Deutschland mit der Last einer maroden Infrastruktur – heruntergekommene Schulgebäude, bröckelnde Brücken, ein unzuverlässiges und langsames Internet, ein mittelmäßiges Schienennetz, auf dem die Züge einfach nicht pünktlich laufen wollen – und nicht zuletzt mit seinen Großprojekten. Jedes Land hat irgendwelche gescheiterten Großprojekte: Spanien seine Geisterstädte, in die nie ein Mensch eingezogen ist; Frankreich die Pläne für einen Großflughafen bei Nantes, der nie verwirklicht wurde. Und Deutschland? Deutschland hat den Flughafen Berlin Brandenburg und Stuttgart 21. Dies sind die beiden wohl krassesten Beispiele für schlecht gemanagte und zeitlich aus dem Ruder gelaufene Projekte, doch Deutschland hat auch Erfolgsgeschichten aufzuweisen. Das neue Image von Bonn als Kulturzentrum mit seiner eindrucksvollen Museumsmeile war ein kluger Schachzug der Stadt und der staatlichen Behörden. Mit den Vorbereitungen dazu hatte man bereits vor der Wiedervereinigung und der Verlegung des Regierungssitzes nach Berlin begonnen. Im Osten Deutschlands wurde das gesamte Straßen- und Schienennetz um- und ausgebaut, auch viele Stadtzentren wurden neu gestaltet. Das vielleicht beeindruckendste Beispiel bietet Hamburg. Direkt am emsigen Hafen entstand ein völlig neu konzipiertes Viertel, die HafenCity, Europas größtes innerstädtisches Bauprojekt. Ihr Wahrzeichen: die Elbphilharmonie. Alle Bauprojekte unterliegen zwei strengen Auflagen: Sie müssen gegen Hochwasser geschützt sein und einen gewissen Anteil an Sozialwohnungen bereitstellen. Ihre heutige Lebendigkeit verdankt die Stadt mehr als einem Jahrhundert weitsichtiger Planung.

Dennoch, der Zustand der Infrastruktur Deutschlands,

auf die die Welt einst mit Neid blickte, ist nicht gut. Die Gründe liegen zum Teil in Missständen in der Verwaltung und zum Teil in der gesetzlich verankerten Schuldenbremse, die den Ländern eine Neuverschuldung untersagt und das strukturelle Defizit des Bundes auf 0,35 Prozent des Bruttoinlandsprodukts begrenzt. Seit 2014 hat die Regierung jedes Jahr einen ausgeglichenen Haushalt vorgelegt. Allein 2018 konnte der Fiskus einen Überschuss von 58 Milliarden Euro verzeichnen.[15] Die finanzpolitische Zwangsjacke der Schuldenbremse, wie sie nur wenige Länder kennen, war eine der wenigen wirklich konservativen politischen Maßnahmen der Merkel-Ära. Sie zwang die Bundesländer, eine spezifisch deutsche Version der Austerität zu befolgen. Mit Corona und einer Reihe von Nothilfepaketen in Höhe von Hunderten Milliarden Euro ist all das mittlerweile vergessen. Auf einen Schlag wurde eine tragende Säule der wirtschaftlichen Stabilität zertrümmert. Doch immerhin hatte Deutschland durch seine finanzielle und fiskalische Umsicht eine solide Ausgangslage für die Krise und war so in der Lage, seine Arbeitnehmer zu schützen und die Wirtschaft zu stützen. Jahrelang wurde Merkel kritisiert, zu knauserig zu sein, obwohl die Wirtschaft brummte. Sie blieb eisern. So wie der Einzelne sparen sollte, wo er konnte, sollte auch der Staat sparen. Die «schwarze Null» konnte nicht gehalten werden. Doch Angela Merkel hat recht behalten.

Auch wenn die Jahre des anhaltend hohen Wirtschaftswachstums vorbei sein mögen, kann von einem Scheitern des deutschen Modells, das andere Länder bei jeder Flaute voller Schadenfreude herbeireden wollen, keine Rede sein. Erforderlich aber sind Veränderungen.

Als Erstes muss Deutschland technologisch aufholen,

bei Quantencomputern und künstlicher Intelligenz. Auch sollte es in den Bereichen Finanzdienstleistung und Corporate Governance aufräumen und die richtigen Anreize für unternehmerische Risiken schaffen – nicht für skrupellose Banker, sondern für digitale Investoren. Es wird durch unruhiges Fahrwasser navigieren müssen bei Exporten nach China und den Folgen aus Trumps Handelskrieg und vor der Notwendigkeit stehen, den Binnenkonsum und die Infrastrukturausgaben anzukurbeln. Vor allem aber muss es bei Firmenchefs, Vorständen und Gewerkschaften mehr Begeisterung für die Trends und Technologien der Zukunft wecken. Marcel Fratscher, Präsident des DIW, ist der Ansicht, dass die Priorität Deutschlands in den nächsten 20 Jahren nicht auf Stabilität liegen sollte. Nur weil etwas in den vergangenen 150 Jahren funktioniert habe, sei es nicht unbedingt als Rezept für die Gegenwart zu gebrauchen.

Vor allem muss Deutschland nach dem Ende der Corona-Pandemie seine Wirtschaft wieder in Schwung bringen, was allein über Stabilität nicht zu erreichen sein wird. Eine schlechte Ausgangsbasis ist sie jedoch nicht. Resilienz, eine der Kerneigenschaften Deutschlands, wird das Land auch durch die nächste schwierige Phase bringen. Seine Ausgaben für Forschung und Entwicklung liegen seit Jahrzehnten über denen vergleichbarer Länder, und die Produktivität ist schon seit vielen Jahren Anlass für Neid, nicht zuletzt bei den Briten, die mit die längsten Arbeitszeiten haben. Im Jahr 2017 stellte Wirtschaftsminister Greg Clark fest, dass «die Menschen in Deutschland in vier Tagen das produzieren, wofür die Menschen in England fünf Tage brauchen. Das heißt, dass man dort höhere Löhne zahlen kann oder weniger Stunden arbeiten muss. Und dies ist schon seit jeher eine große Herausforderung für die britische Wirtschaft.»[16]

Deutschland mag übertriebenem Perfektionismus anhängen, Entscheidungen zu lange abwägen, sich unverhältnismäßig langsam auf Veränderungen einstellen. Aber industrielle Leistungsfähigkeit und hochqualifizierte Arbeitskräfte werden es ihm ermöglichen aufzuholen – und man kann darauf wetten, dass es seine Konkurrenten schließlich sogar in Bereichen überholen wird, in denen es derzeit zurückliegt. Die demographische Entwicklung wird in zweierlei Hinsicht helfen. Die alternde Bevölkerung erzwingt ein ständiges Produktivitätswachstum *und* höhere Ausgaben. Im Jahr 2014 lieferte Stewart Wood, Chefberater des ehemaligen britischen Premierministers Gordon Brown, folgende Vergleichsanalyse: «Wir können nicht die deutsche Wirtschaft kopieren oder die Kultur, in die sie eingebettet ist, hierher verpflanzen. Aber wir können viel von den Einrichtungen und Maßnahmen lernen, die dazu beigetragen haben, die erfolgreichste Hochlohn- und Hochleistungswirtschaft der Welt hervorzubringen. Die deutsche Wirtschaft überzeugt nicht so sehr durch die Strategie, die sie verfolgt, sondern durch den Wertekonsens, auf dem sie beruht. Deutschland bekennt sich zur freien Marktwirtschaft, aber zu einer, in der ein verantwortungsvoller Kapitalismus herrscht. Seine ‹soziale Marktwirtschaft› beruht auf weithin anerkannten Regeln und Praktiken: Förderung von Langfristigkeit, Zusammenarbeit am Arbeitsplatz statt Konflikten, Schaffung von Anreizen für Arbeitgeber, in die Fähigkeiten und die Produktivität ihrer Arbeitnehmer zu investieren, und das Bemühen, in allen Regionen Wohlstand zu bieten und nicht nur in einer.»[17]

Das kann ich nur unterschreiben. Deutschland hat eine Mischung aus Wirtschaftswachstum und gesellschaftlicher Integration angestrebt, lange bevor dies in der angelsächsischen Welt in Mode kam. Es hat Wohlstand geschaffen, ohne den freien Markt zu entfesseln und ohne die Exzesse des Thatcherismus. Es hat frühzeitig erkannt, dass Länder nur dann erfolgreich sein können, wenn sie regionale Ungleichheiten verringern. Vor dem Ausbruch der Pandemie verzeichnete Deutschland die längste Phase ununterbrochenen Wachstums innerhalb eines halben Jahrhunderts und dazu die höchste Beschäftigungsquote seit der Wiedervereinigung sowie steigende Steuereinnahmen. Es erzielte seit 2014 Steuerüberschüsse und hat seine Staatsschulden abgebaut, zugleich aber seine Ausgaben erhöht und nahezu Vollbeschäftigung hergestellt. Trotz aller Sorgen überflügelt das Land weiterhin seine Konkurrenten. Die Finanzkrise hat es ohne allzu große Schwierigkeiten überstanden, indem es eher auf Investitionen statt auf Drosselung der Aktivitäten setzte. Es hat erst ein komplettes Land aufgenommen und dann noch eine Million der Ärmsten dieser Welt. Die Stärken Deutschlands liegen erwiesenermaßen im Können seiner Ingenieure, in der Bevorzugung langfristiger Lösungen, in der Förderung von Aus- und Weiterbildung. In all dem hat Deutschland bewiesen, dass es sich an Katastrophen und Veränderungen anpassen kann. Wer immer noch meint, mit Schadenfreude auf Deutschland blicken zu können, wird feststellen, dass sie nicht lange anhält.

KAPITEL 6

# Die Post-Corona-Gesellschaft

## Resilienz und zukünftige Krisen

Es waren schwere Zeiten für das Theater am Marientor in Duisburg. Für sein neues Stück, ein Musical über den schottischen Unabhängigkeitskämpfer William Wallace, durften keine Karten mehr verkauft werden. Die Aufführungen waren abgesagt, dem Theater drohte das Ende. Aber es bot ideale Räumlichkeiten für ein Corona-Testzentrum.

In Deutschland wurde genauso wenig wie in anderen Ländern der Ernst der Lage erfasst, als Anfang 2020 die ersten Fernsehbilder aus dem chinesischen Wuhan zu sehen waren. Auf die Berichte aus Italien dagegen, wo die Krankenhäuser unter anderem in Bergamo den Ansturm der Patienten nicht mehr bewältigen konnten, reagierte man sofort. In den Kliniken in Duisburg wurden alle nicht lebenswichtigen Operationen verschoben, Krankenhausbetten für Corona-Patienten freigehalten. In dem Theater wurde ein Corona-Testzentrum eröffnet und Hunderte neue Mitarbeiter eingestellt.

In den schwierigen Frühlingsmonaten des Jahres 2020 kam Deutschland besser durch die Krise als andere. Es verzeichnete nicht nur eine geringere Sterblichkeitsrate, sondern auch niedrigere Infektionszahlen. Schutzausrüstungen und Beatmungsgeräte waren jederzeit ausreichend vorhanden. Einige Krankenhäuser kamen zeitweise an ihre Aufnahmegrenze, doch das Gesundheitssystem im Ganzen war nie ernsthaft gefährdet.

Kurz vor Beginn der zweiten Welle bekam ich das Testzentrum im Theater in Duisburg zu sehen. Es stand unter der gemeinsamen Leitung von Feuerwehr und Gesundheitsamt und hatte drei Eingänge: einen für Patienten mit Überweisung von ihrem Hausarzt, einen für jene, die erwiesenermaßen Kontakt zu Infizierten gehabt hatten, und einen für Rückkehrer aus sogenannten Risikogebieten. Sie kamen, wurden getestet und gingen wieder, bis zu 400 am Tag – es lief wie am Schnürchen. Als ich den Leuten von den Problemen bei uns in Großbritannien erzählte, von dem Materialmangel, von dem Versagen, Infektionsketten zu verfolgen, von den Schwierigkeiten, sich einfach nur testen zu lassen, lächelten sie verlegen. «Wir haben Glück gehabt», meinten sie. Mehr nicht.

Ihre Bescheidenheit ehrt sie, erklärt aber nicht alles.

Kein Bereich vermag mehr über Resilienz und Planungsfähigkeit eines Staats auszudrücken als sein Gesundheitssystem. Deutschland ist keineswegs perfekt. Es leistet sich einen teuren Verwaltungsapparat mit gelegentlich hohen bürokratischen Hürden für die Bürger. Trotzdem gehören hier die Überlebensraten bei einigen der häufigsten Krebsarten – Brust- und Gebärmutterhalskrebs sowie Hirntumor – zu den höchsten in den Industriestaaten, auch wenn sich diese Zahl in den letzten Jahren nicht verbessert hat. Mit 11 Prozent des Bruttoinlandsprodukts ist der Gesundheitsetat relativ hoch, jedoch bei weitem nicht der höchste in Europa. In Deutschland gilt als Konsens, dass der Einzelne beträchtliche Abzüge von seinem Gehalt in Kauf nimmt, um so in den Genuss einer hochwertigen medizinischen Versorgung zu kommen. Dabei geht es nicht nur um das individuelle Wohl, sondern um das der Gesellschaft allgemein.

In Deutschland stehen pro 1000 Einwohner 8,2 Krankenhausbetten zur Verfügung, in Frankreich sind es 7,2 und in der EU durchschnittlich 5,2. Im Vereinigten Königreich sind es klägliche 2,7, was teils auf Geldmangel und teils auf unzureichende langfristige Planung zurückzuführen ist, aber auch darauf, dass Patienten generell sehr frühzeitig wieder entlassen werden. In Deutschland stehen mehr als 28000 Plätze in Intensivstationen zur Verfügung, in Großbritannien lediglich 4100.[1] Als sie gebraucht wurden, stand man vor einem krassen Kapazitätsmangel. Beim Personal sind die Unterschiede ähnlich: In Deutschland kommen 4,1 Ärzte auf 1000 Einwohner, in der EU im Durchschnitt 3,5 und in Großbritannien 2,8. Bei den Krankenschwestern stehen in Deutschland 13,1 und in Großbritannien 8,2 je 1000 Bürger bereit. Die Zahlen bieten einen Hinweis darauf, wie gut die Patienten in Deutschland im Vergleich zu anderen Ländern versorgt sind. Und das bereits in normalen Zeiten.

Wieder einmal schaute die Welt auf Deutschland und fragte sich, warum es die Pandemie so viel besser bewältigte als die anderen Länder. Es organisierte Sonderflüge, um Urlauber aus ihrem Reiseland zurückzuholen, es übernahm Corona-Patienten aus Italien, Spanien und Frankreich und es führte weitaus mehr Tests durch als alle anderen.

Deutschlands föderale Struktur bietet – wie sich, bei aller immer wieder geäußerten Kritik, in der Corona-Krise zeigte –

beträchtliche Vorteile. Zu Beginn der Pandemie übernahmen die regionalen Verwaltungen Materialbeschaffung und Vorsorge für Notsituationen, und der Bund konzentrierte sich auf die Koordination. Fachliche Unterstützung und Beratung bietet ihm das selbständige Robert Koch-Institut.

Der klare Vorteil vorausschauender Planung wurde mir an folgendem Beispiel deutlich. Rudolf Henke, selbst Arzt und Mitglied des Gesundheitsausschusses des Bundestags, erzählte mir, dass es seit 2006 ein von vier Ministerien unterstütztes und finanziertes Team von Wissenschaftlern gibt, das sich mit von Wirbeltieren übertragenen Krankheiten befasst. Es besteht aus mehr als 1000 Experten, die bereits ein immenses Wissen zum Forschungsgegenstand ansammeln konnten. Dies war seiner Meinung nach auch der Grund, weshalb die deutsche Wissenschaft auf die Pandemie gut vorbereitet war.

Sowohl beim Testen und Nachverfolgen von Infektionsketten als auch bei der Ausstattung mit Material und Medikamenten schlug sich Deutschland in der ersten Welle der Pandemie besser als die meisten anderen Länder. Die glücklosen Briten hatten das Nachsehen. Bereits wenige Wochen nach Ausbruch der Pandemie wurden britische Minister in Interviews wiederholt gefragt, warum sie die Krise nicht wie die Deutschen meisterten. Sie gestanden zwar Missstände und sogar eine mangelhafte finanzielle Ausstattung ein, brachten es jedoch nicht über sich, dies in den größeren Rahmen von politischer und konstitutioneller Reife zu bringen.

Dennoch übernahm Großbritannien in seiner Not Konzepte aus Deutschland. Das neue National Institute for Health Protection sollte, wie Gesundheitsminister Matt

Hancock erklärte, im Wesentlichen nach dem Vorbild des Robert Koch-Instituts aufgebaut werden. Selbst die Wirtschaftspolitik orientierte sich an Deutschland und entwickelte ein eigenes Konzept der Kurzarbeit, mit dem Deutschland Arbeitslosigkeit verhinderte, wie sie sich anderswo in Europa und Amerika ausbreitete.

Deutschlands Art der Bewältigung der Pandemie berührt grundsätzliche Fragen der gesellschaftlichen Organisation und der Handlungsmöglichkeiten eines Staates. Es geht um Kompetenz und Vertrauen in die Gesellschaft. Inzwischen stellen Regierungen in der ganzen Welt unter dem Eindruck der Pandemie Grundsatzfragen zur Wirtschafts- und Gesellschaftspolitik und fassen eine Umstrukturierung des Bildungsbereichs, der Ökologie und der Städte und Gemeinden in Erwägung. Kann es sein, dass ihnen Deutschland schon einige Schritte voraus ist?

In ihrer Neujahrsansprache für das Jahr 2021 bemühte sich Angela Merkel um eine optimistische Note. «Ich denke, ich übertreibe nicht, wenn ich sage: Nie in den letzten 15 Jahren haben wir alle das alte Jahr als so schwer empfunden – und nie haben wir trotz aller Sorgen und mancher Skepsis mit so viel Hoffnung dem neuen Jahr entgegengesehen»[2], sagte sie.

Diese Empfindungen teilten allerdings nur wenige ihrer Landsleute. Während Deutschland im ersten Lockdown im Frühling 2020 anscheinend noch gut davongekommen war, kippte die Stimmung zum Jahresende auf einen Tiefpunkt.

Noch im Sommer und Frühherbst hatten sich die meisten den Anschein gegeben, als wären sie auf dem Weg zurück in die Normalität – immerhin war der Urlaub auf Mallorca gerettet –, bis es im Winter mit den Zahlen und der

Stimmung krass abwärtsging. Die im November ergriffenen Maßnahmen, denen die Chefs der Bundesländer nur widerstrebend zugestimmt hatten, zeitigten keinen Erfolg. Zur Weihnachtszeit herrschten in Deutschland die strengsten Einschränkungen seit Ausbruch der Pandemie. Und rasch häuften sich die Vorwürfe. Warum hatten die Verantwortlichen die Dinge so schleifen lassen? Mehr noch, warum hatte der in Deutschland entwickelte Impfstoff der Labore Pfizer/Biontech nicht schneller die Zulassung bekommen, und warum ging es mit den Impfungen nur derart langsam voran?

Die EU-Gegner in Großbritannien genossen diesen Augenblick, gaben ihnen die Umstände doch die Möglichkeit, das Ungetüm der Europäischen Union als Verantwortlichen für Deutschlands Misere auszumachen. Das Vereinigte Königreich präsentierte sich sogar als Pionier, da es als erstes Land mit dem Impfen begonnen hatte – ein weiterer Anlass zu einer Welle deprimierenden Eigenlobs.

Die Krise, vor der sich Deutschland plötzlich sah, hatte sowohl institutionelle als auch politische Ursachen. Die höchsten Fallzahlen vermeldeten oft jene Regionen, in denen die AfD die größte Zustimmung erhielt und in denen die Corona-Pandemie gelegentlich unverhüllt geleugnet oder relativiert wurde. Am meisten aber kam Deutschland wohl seine Selbstgefälligkeit in die Quere. Voller Schrecken hatten die Deutschen die Abläufe im Vereinigten Königreich, in Italien, Spanien, Frankreich und Belgien verfolgt und gemeint, bei ihnen bestünde weniger Anlass zur Sorge. Sie wurden Opfer ihres eigenen Erfolgs und trugen sich in dem illusionären Glauben, es würde bald alles wieder normal werden.

Doch trotz der immensen Probleme und selbst auf dem Höhepunkt der Krise ging es Deutschland nicht so schlecht wie manchen anderen Ländern. Es erlebte an keinem Punkt, dass sein Gesundheitssystem vor dem Zusammenbruch stand, wie es sich in Großbritannien im Januar 2021 abzeichnete. Bis heute (Anfang März 2021) sind in Deutschland etwa 85 Menschen pro 100 000 Einwohner an Covid-19 gestorben. Dies ist zweifellos eine hohe Zahl, doch immer noch bedeutend weniger als die etwa 185 Toten pro 100 000 Einwohner, die die Pandemie in Großbritannien forderte.

Zugleich betrug in Deutschland der Rückgang des Bruttosozialprodukts nur die Hälfte des Werts von Großbritannien und war niedriger als in praktisch allen Staaten Europas. Doch Statistiken – so wichtig sie sind – erzählen nur einen Teil der Wahrheit. Die Zukunft wird zeigen, welche Wirtschaft und Gesellschaft sich am besten erholen kann. Allerdings bin ich mir sicher, dass Deutschland dabei besser abschneiden wird als viele andere.

Das von der Gesellschaft für deutsche Sprache erkorene Unwort des Jahres 1982 hieß «Ellenbogengesellschaft». Die 1980er waren die Ära von Wall Street, Gordon Gekko und ungehemmter Gier. In den USA und Großbritannien gaben die Adepten des ungezügelten Kapitalismus den Ton an und suchten in ihrer Überheblichkeit dem Mantra vom freien Markt weltweit Geltung zu verschaffen. Dem Land, das einige Jahrzehnte zuvor die soziale Marktwirtschaft für sich erfunden hatte, erklärte man, es sei zu weich, es solle sich besser ins Zeug legen und aufhören, sich um die Armen und Schwachen zu sorgen. Ich selbst empfand während meiner Zeit in der Bundesrepublik in den 1980er Jahren den Gang der Dinge oft als quälend langsam. Offenbar war ich doch mehr Kind der Thatcher-Zeit, als ich dachte.

In den Vereinigten Staaten und in Großbritannien spricht man in Zeiten der Pandemie allgemein davon, die Kommunen wiederzubeleben, einen Lastenausgleich zwischen Regionen einzuführen, Mindestlöhne festzusetzen und Arbeitszeiten zu verkürzen. Vielleicht hatten die Deutschen es einfach schneller begriffen. Oder vielleicht hatten sie es auch nie aufgegeben. Während sich Ungleichheit in den USA, Frankreich und Großbritannien durch grobe Vernachlässigung entwickelt hatte, weil niemand bereit war, Regionen, die unter dem Untergang der Schwerindustrie litten, zu unterstützen, stammen in Deutschland nicht alle, aber doch die meisten dieser Probleme aus der Wiedervereinigung, dem Erbe der untergehenden Ökonomie des Ostens.

Im Gegensatz zu anderen Ländern sind in Deutschland die Einkaufsstraßen der meisten Stadtzentren noch das, was sie einst waren; mittelständische Geschäfte sind nicht völlig durch überhöhte Mieten vertrieben worden. Und zu den Freuden in kleineren und mittleren Städten gehört es, dass man dort in prominenter Lage neben einem Konzertsaal und einem Museum oft auch eine Buchhandlung findet.

Praktisch niemand, den ich getroffen habe – mit welchem Hintergrund, aus welcher Generation auch immer –, hat sich je dafür ausgesprochen, die Sonntagsruhe anzutasten. Dabei geht es den wenigsten um Religion, sondern um Lebensqualität und die Zeit für Familie und Gemeinschaft. In seinem um die Jahrtausendwende erschienenen vielbeachteten Buch *Bowling Alone* beschreibt der Soziologe Robert Putnam das Elend von Gesellschaften wie den Vereinigten Staaten, in denen das Gemeinschaftsgefühl durch den oberflächlichen Reiz von Protz ersetzt wurde.

Es deutet einiges darauf hin, dass das wenn auch kaum zu beziffernde «soziale Kapital», wie Putnam es ausdrückt, in der deutschen Gesellschaft nicht so schnell aufgebraucht wurde wie anderswo – wiewohl die Tendenz zur Vereinzelung auch hier um sich greift. Man zeige mir ein Innenministerium, das in seinen offiziellen Erklärungen den gesellschaftlichen Zusammenhalt als eine seiner wichtigsten Aufgaben ansieht. Dagegen in Deutschland:

> «Das Bundesministerium des Innern, für Bau und Heimat setzt sich dafür ein, durch verschiedene Förderprogramme und kommunikative Maßnahmen Respekt und Toleranz in unserer Gesellschaft zu stärken. Mit politischer Bildung soll das Bewusstsein für den Wert unserer Demokratie und unserer Grundrechte geschärft werden. Denn: Für einen funktionierenden gesellschaftlichen Zusammenhalt braucht es mündige, informierte und engagierte Bürgerinnen und Bürger, die von ihrer Freiheit Gebrauch machen und für sich und die Gesellschaft Verantwortung übernehmen.»[3]

In der angelsächsischen Welt wären solche Erklärungen nur mit Kopfschütteln aufgenommen worden. Nicht wegzudenken aus dem Leben der Deutschen sind ihre Vereine. Gab es im Jahr 1960 in beiden Teilen Deutschlands schon 86 000 solcher Organisationen, so stieg deren Zahl bis 2014 auf rund 600 000. Fast die Hälfte aller Deutschen (44 Prozent der Bevölkerung) gibt an, Mitglied in mindestens einem Verein zu sein.[4]

Die größte Besonderheit Deutschlands besteht in seinem dualen Berufsausbildungssystem, für das sich knapp die Hälfte eines Jahrgangs von Schulabgängern entscheidet.[5] Das Konzept der dualen Ausbildung – praktisches Lernen im Betrieb und theoretischer Unterricht in der Berufsschule – fand Nachahmung in Ländern auf der ganzen Welt. Es steht für eine fundierte, über die Kenntnisse des eigentlichen Lehrberufs hinausgehende Ausbildung, ist also auch auf Langfristigkeit ausgelegt und nicht nur auf kurzfristige Bedarfsdeckung.

Für den immer größer werdenden Teil der Schulabgänger, die ein akademisches Studium anstreben, steht das Angebot des (fast immer) kostenlosen Hochschulbesuchs offen. Und das gilt ausdrücklich auch für ausländische Studierende. Es sei eine kulturpolitische Maßnahme – ein Angebot an die Welt, eine Investition in die internationalen Beziehungen, eine erfolgreiche Umsetzung von «Soft Power», sagte mir Martin Rennert, bis 2020 Präsident der Universität der Künste Berlin. Schließlich habe eine akademische Bildung Nutzen für den ganzen Staat.

Im April 2013 bekam Angela Merkel Besuch von David Cameron. Der britische Premierminister war erst der dritte europäische Staatsgast, der in das Gästehaus der Regierung, Schloss Meseberg, eingeladen war. Das Ganze fand in familiärem Rahmen statt; David Cameron wurde von seiner Frau Samantha und seinen drei Kindern begleitet, Angela Merkel von ihrem Gatten. Erst einige Monate zuvor hatte der britische Premier seine Pläne für ein Referendum über Großbritanniens EU-Mitgliedschaft verkündet. Es gab also viel zu besprechen. Dies sollte, soweit es nach der Gastgeberin ging, möglichst ungezwungen und nicht unter dem Druck des Protokolls stattfinden.

Beim Dinner am Samstagabend brachte Angela Merkel das Gespräch auf Kunst. Sie erzählte von besuchten Kunstausstellungen und Theateraufführungen und von den Opern, die ihr in Bayreuth am besten gefallen hatten. Dann fragte sie ihren Gast, welche Vorstellungen er ihr in London empfehlen könne. Cameron begann zu stottern und sagte, er sähe lieber fern. Er würde sich gern öfter mal ein Konzert anhören, aber wann immer seine Frau und er sich auf den dazu Weg machten, würde das Paar von der Presse als elitär beschimpft. Dieser Augenblick war exemplarisch für die tiefe Kluft zwischen Deutschland und der politischen Realität im größten Teil der restlichen Welt. Die Deutschen fühlen sich wohl, wenn sie über Kultur sprechen können.

Kulturförderung gehört denn auch in Deutschland zur fest etablierten Tradition. So stellt die Stadt Berlin Künstlern mietfrei Ateliers, Studios und Arbeitsräume zur Verfügung, was jährliche Kosten von insgesamt sieben Millionen Euro verursacht. Weitere sieben Millionen verwendet sie für den Ankauf und Umbau zusätzlicher Räumlichkeiten. Auch wenn nicht wenige Künstler sich wegen der Mietpreisexplosion gezwungen sahen, Berlin zu verlassen (Athen und Lissabon sind besonders beliebt), so bleibt die Stadt doch Magnet für Musiker, Maler, Designer, Architekten und andere, die schon lange nicht mehr in New York, Paris oder London arbeiten können.

Und auch sonst finden sich in praktisch jeder mittelgroßen Stadt Museen, Theater und Konzertsäle. Zwar wurde in Frankreich und Großbritannien viel für eine kulturelle Wiederbelebung getan (wie in Margate, Nantes, Gateshead und

Marseille), doch in Deutschland sorgt die Dezentralisierung schon seit jeher für eine ausgeglichenere Verteilung von Mitteln und Talenten. Neben den mittelständischen Unternehmen verhilft auch die Kultur den Bürgern dazu, sich mit ihrer Stadt und Region zu identifizieren. In Sachsen beispielsweise leben insgesamt nur rund vier Millionen Menschen, und doch gibt es diesem Bundesland zwei Orchester von Weltrang, das Leipziger Gewandhausorchester und die Sächsische Staatskapelle Dresden.

Ästhetisch, politisch und intellektuell herrschen in der deutschen Kunstszene höhere und auch radikalere Maßstäbe als speziell in Großbritannien. Kunsthallen brauchen nicht alle paar Jahre ihre Schließung zu befürchten. Weil die meisten Kunsthallen im Land durch die öffentliche Hand finanziert werden und auch Fördergelder von Unternehmen oder Stiftungen bekommen, müssen sie nicht wie in den USA, Großbritannien und anderswo permanent Zeit mit Spendensammeln verschwenden. Und da der kommerzielle Gedanke nicht im Vordergrund steht, bleibt Raum für Experimentelles. Der Drang nach politischem Engagement, den ich besonders in Berlin bei Künstlern verspüre, ist in meinem Land bedauerlicherweise nur selten zu erleben. Zwar werden auch dort in Literatur und darstellender Kunst Fragen der Identität verhandelt, doch an eins unserer wichtigsten Themen – an den Brexit – hat sich die britische Kunstszene nicht herangewagt. Wichtiger war ihr, sich mit der Regierung zu arrangieren und keinen Ärger mit Geldgebern zu riskieren.

Alles, was als Verletzung der Privatsphäre betrachtet werden könnte, sei es kommerziell oder politisch, wird in Deutschland sehr ernst genommen und kritisch geprüft.

Wie so oft sind auch in diesem Zusammenhang die Einflüsse der Vergangenheit zu spüren. Als ich vor zehn Jahren für die Friedrich-Ebert-Stiftung in Berlin einen Vortrag über freie Meinungsäußerung hielt, meldete sich eine Frau, die meinte, sie hätte lieber eine öffentlich betriebene Social-Media-Plattform als eine aus dem Silicon Valley. Vertraut eure Daten nicht Google und Facebook an, sagte sie. Damals erschien mir das altmodisch, Ausdruck der Übervorsicht der Deutschen. Doch nun, da man sich mit dem Thema intensiver beschäftigt hat, könnte man es vielleicht sogar als vorausschauend bezeichnen.

Meinungsumfragen zeigen, dass in Deutschland das Vertrauen in die traditionellen Medien größer ist als in anderen Ländern, obwohl sich die AfD nach Kräften bemüht, dies zu untergraben. Die neueste Umfrage des Reuters Institute for the Study of Journalism hat ergeben, dass 47 Prozent der Deutschen das, was sie analog oder digital lesen, auch glauben. Gefragt nach dem Vertrauen der Öffentlichkeit in die Medien, steht Deutschland unter 38 Staaten auf Platz zwölf. Großbritannien hält Platz 21, die USA Platz 32 und Frankreich, wo nur 24 Prozent glauben, was sie lesen, steht an zweitletzter Stelle. 70 Prozent der Briten fürchten Fake News, aber nur 38 Prozent der Deutschen.[6]

Das Ehegattensplitting gehört meiner Ansicht nach zum Rückständigsten, was sich die deutsche Gesellschaft noch leistet. Katharina Wrohlich vom Deutschen Institut für Wirtschaftsforschung untersucht seit fast zwei Jahrzehnten die ökonomische Gleichstellung der Frauen. Was sie entscheidend ausbremst, sei das Ehegattensplitting. Länder wie Österreich, Schweden und Italien haben das Splitting abgeschafft, in Deutschland, so Wrohlich, strebe keine der politischen Parteien ernsthaft eine Änderung an, also werde man hier auch wohl kaum Fortschritte erwarten können.

Zwar wirkt das Land in dieser Hinsicht selbstgefällig, nutzt aber oft und gern die Gelegenheit, feministische Standpunkte zu unterstützen. Immerhin steht mit Angela Merkel die bei weitem einflussreichste Politikerin seit Indira Gandhi und Margaret Thatcher an seiner Spitze. Auch können es deutsche Antidiskriminierungsgesetze in jeder Hinsicht mit denen nordeuropäischer Länder aufnehmen. 2016 wurde das Bundesgleichstellungsgesetz verabschiedet zur Beendigung der Benachteiligung von Frauen in Bundesverwaltung und Gerichten des Bundes. Und nach jahrlangen Debatten hat die Bundesregierung Anfang 2021 einen Gesetzentwurf gebilligt, nach dem eine verbindliche Frauenquote in Konzernvorständen gelten soll.

Nach wie vor aber werden berufstätigen Müttern alle nur denkbaren Hindernisse in den Weg gelegt, von Steuern bis hin zur Regelung von Schulunterrichtszeiten. Und dennoch schafft es dieses Thema nicht wirklich auf die politische Agenda. Nur etwa 14 Prozent der Mütter mit einem Kind und lediglich sechs Prozent der Mütter mit zwei Kindern arbeiten in Vollzeit, eine Zahl, die weit unter dem EU-Durchschnitt liegt.[7] Der Druck im Alltag ist für berufstätige Mütter derart hoch, dass sich Frauen mit Karriereambitionen oft entscheiden, auf Kinder zu verzichten, andere bleiben die ersten Jahre ganz zu Hause beim Kind oder arbeiten maximal Teilzeit. Vor allem das nach wie vor mangelhafte Angebot an gut funktionierender Kinderbetreuung bedeutet für berufstätige Eltern eine fast permanent schwierige Organisation des Alltags.

Zu den wenigen Vorzügen in der DDR gehörte, dass Frauen zumindest in der Arbeitswelt mit Männern gleichgestellt waren und Kinder ganz selbstverständlich in Tagesstätten gegeben werden konnten. Angela Merkel weigert sich seit jeher, sich in den «Frauenfragen» festlegen zu lassen. Im Januar 2019 sprach sie, was selten geschah, mit der Journalistin Jana Hensel über diese Themen in einem *Zeit*-Interview, das typisch «Merkelisch» ausfiel. Nachdem sie auf die klassischen Probleme von Frauen in der Gesellschaft eingegangen war, betonte sie abschließend, sie sei nicht nur die Bundeskanzlerin der Frauen, sondern die Bundeskanzlerin aller Menschen in Deutschland. «Ich bin mir außerdem gar nicht sicher, ob die Frauen immer erwarten, dass ich mich besonders an sie wende»[8], meinte sie nüchtern, hierin wohl ganz ihrer DDR-Sozialisation entsprechend.

Geht es den Deutschen einfach zu gut, wie mir gegenüber mal jemand sagte? Vielleicht hat man sich zu sehr an die «Entschleunigung» gewöhnt. Das überlegte ich, als ich an einem Sommertag über das Gelände des Flughafens Tempelhof wanderte, Symbol des Größenwahns der Nazis und später Schauplatz der Bemühungen der Alliierten, die Berlin-Blockade zu durchbrechen. Heute läuft hier alles völlig ungeordnet, und doch ist ein Großteil der Berliner ausgesprochen stolz darauf.

Jede andere Weltstadt hätte das Areal zur Erschließung freigegeben. Berlin hat in der deutschen Gesellschaft nicht die Bedeutung wie London und Paris, die in ihren Ländern politisch, wirtschaftlich und kulturell das Zentrum bilden und einen unverhältnismäßig hohen Anteil an Investitionen, Finanzen und Talenten auf sich konzentrieren. Deutschland ist der einzige Staat, in dem das Bruttoinlandsprodukt pro Kopf in der Hauptstadt niedriger ist als im restlichen Land, das heißt, die Bundesrepublik wäre ohne Berlin um 0,2 Prozent reicher.[9] So gesehen war und ist Berlin also eine Belastung und gilt nicht nur bei reicheren Städten wie Hamburg und München als ineffizient.

Einer Vergleichsuntersuchung zufolge sind die Mieten in Berlin in den vergangenen zehn Jahren um über 100 Prozent gestiegen.[10] In jüngster Zeit beträgt die jährliche Steigerung 20 Prozent und ist die höchste auf der ganzen Welt. Zugleich wächst die Einwohnerzahl um 40 000 pro Jahr. Die meisten, die kommen, sind aufstrebende Menschen aus anderen Teilen Deutschlands und aus dem Ausland, was die Berliner mit geringerem Einkommen immer weiter an die Stadtgrenze treibt. Der Wohnungsmangel und die daraus resultierenden Mietpreiserhöhungen beruhen hauptsächlich auf Fehlern der Stadtplaner, die um die Jahrtausendwende den Beliebtheitsgrad und damit die Zuwanderung (und auch die Zahl der Touristen) unterschätzt haben. Gleiches erleben wir allerdings auch in den anderen Metropolen der westlichen Welt. Weite Teile Manhattans sind für normale New Yorker inzwischen unerschwinglich, und in London bleibt die Zahl der Sozialwohnungen auf ein Minimum reduziert, es gibt zum Teil separate Eingänge für die Bewohner, bekannt als «Poor Doors». Während die reichen Viertel oft menschenleer wirken, weil die Immobilien lediglich Dependancen wohlhabender Russen, Chinesen und Saudis sind, die sie oft wochenlang ungenutzt lassen. Arbeiter und Angestellte drängen sich derweil in überfüllte Züge, um ihren Arbeitsweg von oft mehreren Stunden in die Innenstadt zurückzulegen. Und welche sozialen Spannungen sich in den Pariser Vorstädten entwickelt haben, ist allseits bekannt.

Wo sonst in der Welt, besser gesagt, in der westlichen Welt, könnte man ganz offen die Enteignung von Privatbesitz diskutieren? In Berlin gab es in dieser Hinsicht ernstzunehmende Bestrebungen. Nach Protesten gegen den «Mietenwahnsinn» sammelte eine Initiative seit Anfang 2019 die nötigen Unterschriften zur Durchführung eines Volksentscheids zu der Forderung, Wohnungskonzerne mit mehr als 3000 Wohneinheiten in der Stadt zu vergesellschaften. Tatsächlich soll es in 2021 zu einem Referendum kommen.

Mit ihrer Forderung stützt sich die Initiative auf Artikel 15 des Grundgesetzes, in dem es heißt: «Grund und Boden, Naturschätze und Produktionsmittel können zum Zwecke der Vergesellschaftung durch ein Gesetz, das Art und Ausmaß der Entschädigung regelt, in Gemeineigentum oder in andere Formen der Gemeinwirtschaft überführt werden.» Die Kritik von konservativer Seite, dass hier durch die Hintertür Staatssozialismus eingeführt werden soll, ließ nicht lange auf sich warten. Doch die Vertreter der Bewegung bleiben bei ihrer Forderung, dem legitimen Interesse von Mietern nach sicherem und bezahlbarem Wohnraum gegen profitorientierte Großunternehmen zur Geltung zu verhelfen. Als Ausländer kann man sich nur erstaunt die Augen reiben, wenn man sich bewusst macht, wie sehr die gesellschaftlichen Konzepte in Deutschland oft von den eigenen abweichen.

Schon im Januar 2020 ist vom Berliner Abgeordnetenhaus der sogenannte Mietendeckel beschlossen worden, ein Gesetz, durch das der Mietpreis von 1,5 Millionen Wohnungen für fünf Jahre eingefroren wird. Doch damit steht Berlin nicht allein. Spanien und die Niederlande haben sogar landesweite Maßnahmen mit dem Ziel einer Mietpreisbremse eingeführt. Gleiches gilt für die vier US-Staaten Kalifornien, New York, New Jersey und Maryland. In Kanada gibt es Mietenregelungen seit 2006, während Paris etwas Ähnliches plant, aber zunächst die Entwicklung in Berlin beobachten möchte.

Bürgerinitiativen haben in Deutschland gute Tradition. Die Ökologiebewegung, eine der ältesten und einflussreichsten der Welt, aus der die Partei Die Grünen erwuchs, trat als solche zum ersten Mal im baden-württembergischen Wyhl am Kaiserstuhl in Erscheinung. Dort sollte ein Kernkraftwerk entstehen. Die mit Einrichtung der Baustelle im Februar 1975 immer stärker aufflammenden Bürgerproteste waren der Beginn langer Auseinandersetzungen. Ganz Deutschland sah in den Fernsehnachrichten, wie die Winzer und ihre Angehörigen durch den Schlamm fortgeschleift wurden. Mit ihren Protesten und Klagen setzten sich die immer zahlreicher werdenden Kernkraftgegner schließlich nach zähem Ringen durch. Der Atommeiler wurde nie gebaut und das Gelände letztlich ein Naturschutzgebiet.

Dieses Beispiel machte Schule. Auch in anderen Regionen stellten sich Bürger dem Bau von Atomkraftwerken oder geplanten Atommülltransporten entgegen – wenn auch nicht immer mit gleichem Erfolg. Die Vernetzung der regional organisierten Antiatombewegung mit anderen Umweltinitiativen zeichnet den deutschen Widerstand aus. Nach dem AKW-Unfall in Tschernobyl im Jahr 1986 machte sich in ganz Europa Angst breit, besonders aber in Deutschland, über das die radioaktive Wolke aus dem Osten geradewegs hinwegzog. Die Katastrophe hinterließ in der deutschen Bevölkerung einen tieferen Eindruck als anderswo; schließlich lag das geteilte Land zwischen den beiden Atommächten im Epizentrum des Kalten Kriegs.

Im Jahr 2000 trat in Deutschland das später vielfach kopierte Erneuerbare-Energien-Gesetz in Kraft, das den Erzeugern erneuerbarer Energien die Abnahme zu hohen Preisen garantierte. Dabei ging es weniger um den Klimawandel als um die Abschaffung der Kernkraft. Nach langwierigen Verhandlungen mit den Kraftwerksbetreibern trat zwei Jahre später mit der Novellierung des Atomgesetzes das «Gesetz zur geordneten Beendigung der Kernenergienutzung zur gewerblichen Erzeugung von Elektrizität» in Kraft. Es formulierte einen Baustopp für neue Atomkraftwerke und begrenzte die Restlaufzeit der bestehenden auf 32 Jahre.[11] Bis 2005 wurden in Deutschland lediglich zehn Prozent des verbrauchten Stroms aus erneuerbaren Energiequellen erzeugt[12], doch dann gab es einen Ansturm von Investoren, die Windkraftanlagen an Land und auf See bauten, und es wurden über 1,5 Millionen Solaranlagen installiert. Durch den kontinuierlichen Ausbau stieg der Anteil der erneuerbaren Energien auf mehr als 40 Prozent, so hoch wie in kaum einem anderen Land der Welt. Angestrebt sind 65 Prozent bis zum Jahr 2030 und 80 Prozent bis 2050. Gefördert wird diese Energieerzeugung mit rund 25 Milliarden Euro jährlich, die zum größten Teil über die Energiezulage von den Verbrauchern aufgebracht werden.[13]

Nach der Havarie des Atomkraftwerks in Fukushima trat in Deutschland der Beschluss zum vorzeitigen stufenweisen Atomausstieg bis 2022 in Kraft. In der Bevölkerung ist die Ablehnung gegenüber dieser Energieform tief verwurzelt und der politische Druck dagegen stark, sodass der Bundeskanzlerin fast keine Wahl blieb, obwohl es sich unter klimapolitischem Gesichtspunkt eher verbieten würde. Deutschland müsste seine Abhängigkeit von der Kohle und von anderen $CO_2$-intensiven Energiequellen abbauen. Länder, die es derzeit besser als als Deutschland schaffen, ihre Emissionen zu senken – England, Frankreich und Schweden –, haben nach wie vor Atomkraft im Programm.

Erst für das Jahr 2038 hat Deutschland den endgültigen Kohleausstieg angepeilt. Ohne staatliche Subventionen würden die verbliebenen Braunkohletagebaue eher über kurz als über lang vor dem Ende stehen. Der Kohleabbau wird jedoch aufrechterhalten, um arbeitsmarktpolitisch ohnehin belastete Regionen nicht zusätzlich zu schwächen. Eine Geschichte, die sich so oder ähnlich rund um die Welt zieht. Echte Jobs für echte Kerle – eine politische Verklärung, der auch die stärksten Modernisierungsbestrebungen nichts anhaben können.

Trotz seiner vielgepriesenen Energiewende wird Deutschland die Klimaziele – die Reduzierung der $CO_2$-Emissionen gemessen am Stand von 1990 um 40 Prozent bis zum Jahr 2030 – nicht erreichen, so viel steht fest. Berlin hat sie bereits aufgegeben, und die Bundesregierung will sich inzwischen mit 30 Prozent zufriedengeben. In den vergangenen zehn Jahren sind die Kohlendioxidemissionen nicht zurückgegangen, und die Verkehrsemissionen sind genauso hoch wie 1990. Deutschland steht beim $CO_2$-Ausstoß weltweit immer noch an sechster Stelle und ist für zwei Prozent des weltweiten Gesamtausstoßes verantwortlich.[14] Selbst die Vereinigten Staaten mit ihrem hohen Benzinverbrauch konnten ihren Prozentsatz in den letzten Jahren stärker herunterschrauben als Deutschland.[15]

Was ist geschehen? Kannte man Angela Merkel nicht als «Klimakanzlerin»? War Deutschland nicht eines der ersten Länder, in denen die «grüne» Partei Regierungsbeteiligung erhielt? Und war es nicht eines ersten Länder, das mit der Förderung erneuerbarer Energien, mit Recycling, dem Bau von Radwegen und sonstigen Umweltprogrammen begann?

Die Umwelt hat in der Politik schon immer eine große Rolle gespielt, doch inzwischen ist sie Gegenstand einer Art von Kulturkampf geworden. Nachdem Greta Thunberg im August 2018 in Schweden den ersten Schulstreik organisiert hatte, sammelten sich Jugendliche in der Bewegung «Fridays for Future» rasch hinter ihr. Der deutsche Zweig ist einer der aktivsten der Welt und organisiert regelmäßig Demonstrationen. Merkel aber muss sich zur gleichen Zeit mit einer Reihe von Gegnern auseinandersetzen: mit den Lobbyisten der Kraftwerksbetreiber, mit den Lobbyisten der Fahrzeugindustrie und mit den Lobbyisten der Kohlekraftwerke. Nach der Wiedervereinigung hatte die Regierung alle Projekte zur politischen Neuausrichtung auf Eis gelegt. Die wirtschaftliche und politische Situation machte es erforderlich, die Kräfte allein auf den Erhalt von Arbeitsplätzen und gesellschaftlicher Stabilität zu konzentrieren. Die SPD als Koalitionspartner fand sich in einer verzwickten Lage: Sie musste sich ihr traditionelles Wählerklientel aus der Industriearbeiterschaft erhalten und sich zugleich auf jüngere, eher städtische Anhänger ausrichten.

Erschwert wurde dies durch das Fehlen einer greifbaren Bedrohung. Viele Jahre lang sah man die Auswirkungen des Klimawandels in Deutschland nicht als Gefahr. Das alles spielte sich in weiter Ferne ab. Am ehesten bemerkte man noch das Ansteigen des Meeresspiegels, auch wenn es eher die nördlichen und westlichen Nachbarländer wie Dänemark und die Niederlande betraf. Mit den gefährlich hohen Temperaturen im Sommer 2018, den Missernten und ausgetrockneten Flüssen als Folge wurde das Ausmaß der Klimakrise zum ersten Mal spürbar. In der zweiten Jahreshälfte war der Wasserstand des Rheins so niedrig, dass zum ersten Mal der Frachtverkehr eingestellt werden musste, mit Auswirkungen auf die Industrie im Ruhrgebiet. Die gewaltigen Stahlwerke von Thyssenkrupp mussten ihre Produktion zurückfahren. Und weil sich durch die geringen Pegelstände die Wassertemperatur erhöht hatte, waren Chemiekonzerne wie BASF und Bayer gezwungen, für ihre Produktion auf das Backup-Kühlsystem zurückzugreifen. Es kam zu Waldbränden von noch nie gesehener Gewalt.

Merkel forderte im Juni 2019 auf einer Sitzung der Unionsfraktion: «Kein Pillepalle mehr». Gut möglich, dass sie sich selbst mit einbezog. Im September stellte sie nach bis weit in die Nacht reichenden Verhandlungen der Koalitionspartner 54 Milliarden Euro teure Maßnahmen vor, die in einem Klimaschutzgesetz festgeschrieben werden sollen. Ölkonzerne, die Benzin, Heizöl und andere Kraftstoffe herstellen und auf den Markt bringen, werden zum Kauf von Emissionszertifikaten verpflichtet, wie sie in der EU bereits für die Schwerindustrie, den Flugverkehr und für Energieanlagen bestehen. Allerdings wurde ihr Preis in Deutschland mit zehn Euro pro Tonne im Jahr 2021 beträchtlich geringer angesetzt, auch wenn bis 2025 ein Anstieg auf 35 Euro vorgesehen ist.

Es handelt sich um ein kompliziertes Gesetzespaket, und

ob alle Teile ratifiziert werden, ist keineswegs sicher. Doch da die Regierung von seiner größtmöglichen Wirkungskraft überzeugt war, wurde es mit großem Trara vorgestellt. Umweltminsterin Svenja Schulze bezeichnete es als «Neuanfang beim Klimaschutz»[16]. Viele waren eher der Ansicht, hier sei eine Gelegenheit verschenkt worden.

Was der grünen Bewegung in Deutschland im Weg steht, ist eine alle Politikgestaltung prägende, fundamentale Zwiespältigkeit: Wie lässt sich der Einsatz von Politik (und Wählern) für Umweltschutz glaubwürdig mit der beispiellosen Liebe der Deutschen zum Auto in Einklang bringen?

Um den BMW-Slogan «Freude am Fahren» zu verstehen, muss man die «BMW Welt» am Münchner Olympiapark gesehen haben. Dies ist die meistbesuchte Touristenattraktion Bayerns und eine der bekanntesten in Deutschland. Die 2007 eröffnete Location ist Museum, Veranstaltungsort, Ausstellungshalle und Auslieferungszentrum zugleich, vollgestopft mit verkrampften Marketing-Sprüchen wie «Unser Leben von morgen wird bereits heute gestaltet!». Ich besuchte diesen Ort an einem heißen Sommertag und fand mich zwischen aufgekratzten deutschen Familien, chinesischen Touristengruppen und Saudis wieder, die die Ausstellungsstücke bestaunten, ihre Finger verzückt über den Lack streichen ließen und sich auf die Motorräder setzten.

Auf der Autobahn sind alle Umweltbedenken vergessen: Die 12000 Kilometer betonierter Rennstrecke bieten den Deutschen – vor allem der älteren Generation – ein Gefühl von Freiheit, das sie sonst nicht kennen. Bislang ist noch jede Initiative zu einer Geschwindigkeitsbegrenzung gescheitert. Im Umkreis von Städten gelten zur Lärmbegrenzung und aus Sicherheitsgründen gesonderte Regelungen, doch das betrifft nicht einmal 30 Prozent des bestehenden Netzes. Dort ist die Zahl der Verkehrstoten um ein Viertel geringer als auf Strecken ohne Geschwindigkeitsbegrenzung, so Dorothee Saar von der Deutschen Umwelthilfe. Sobald das Gespräch auf Autos komme, meint Saar weiter, kommt man mit Vernunft nicht weiter.[17] Und für Michael Cramer, lange Jahre für die Grünen im Europaparlament, gilt klar: «Was den Amerikanern die Schusswaffe, ist den Deutschen das Gaspedal.»[18]

Die Psychologie hinter dem Verlangen, aus dem Auto ein Statussymbol zu machen, ließe sich am besten beim Betrachten des Parkplatzes eines Unternehmens verstehen, erklärt mir Andreas Kraemer, Gründer des Ecologic Institute in Berlin. In vielen Jobs werde man nicht ernst genommen, wenn man nicht mit dem neuesten BMW oder Mercedes vorfahre. Das Auto definiere die Rangordnung und stehe für Solidität und Achtbarkeit. Ein Arzt oder ein Ingenieur erzeuge mit einem Mercedes zusätzliches Vertrauen. Lange Zeit habe das Auto für den Eintritt ins Erwachsenenleben, für Freiheit gestanden, galt als der ganze Stolz. Die ADAC-Zeitschrift hat laut Kraemer mit elf Millionen Beziehern die höchste Auflage überhaupt im Land. Für erreichte Volljährigkeit oder bestandenes Abitur sei das Auto vielfach Standardgeschenk gewesen, und Jugendliche machten schon mit 17 voller Erwartungen den Führerschein. In den Großstädten ändert sich das allerdings. Wie in New York, Paris und London ist Autofahren auch in Berlin längst eine stressige, zeitintensive und teure Angelegenheit. In ländlichen Gebieten bleibt aber noch alles beim Alten.

Dass mit dem Ende der Autoindustrie auch die deutsche Ökonomie verliert, darüber ist man sich in Politik und Wirtschaft einig. Die Autoindustrie gilt in Deutschland als Gradmesser für die wirtschaftliche Stabilität des Landes, viel mehr als der Finanzsektor in den USA und in Großbritannien. Erst vor diesem Hintergrund lässt sich der VW-Skandal wirklich verstehen. Wie mir Stefan Mair, ehemaliger BDI-Mitarbeiter, sagte, herrschte bei VW die Einstellung, dass die Regierung von ihnen abhängig sei, und nicht umgekehrt. VW hielt sich für unangreifbar.

Ohne die Environmental Protection Agency, die US-Umweltschutzbehörde, wäre der Abgasskandal vielleicht nie aufgedeckt worden. Im September 2015 wurde öffentlich bekannt gegeben, dass die Dieselmotoren bei einigen VW-Modellen so manipuliert worden waren, dass die Abgaswerte nur unter Testbedingungen den Umweltschutzvorgaben genügten, der Ausstoß des schädlichen Stickoxids unter Normalbetrieb auf der Straße die Grenzwerte aber deutlich überstieg. Im Verlauf von sechs Jahren waren circa elf Millionen Autos mit der sogenannten «Abschalteinrichtung» auf dem Weltmarkt verkauft worden.[19] Vorstandsvorsitzender Martin Winterkorn trat zurück und wurde in den Vereinigten Staaten wegen Betrugs und Verstoßes gegen den Clean Air Act angeklagt. Allerdings ist es fraglich, ob es je zum Prozess kommen wird. Schließlich leitete auch die deutsche Staatsanwaltschaft Ermittlungen gegen ihn und Rupert Stadler, den damaligen Vorstandsvorsitzenden von Audi, ein.

Ein Skandal dieser Größenordnung hätte für viele Firmen das Ende bedeutet. Doch bei VW und seinen Ablegern hielten sich die Schäden in Grenzen.

Den viel größeren Schaden richtete die deutsche Autoindustrie mit ihrer Selbstzufriedenheit an. VW, Mercedes,

BMW und Audi sahen sich als unangefochtene Weltführer, während in den USA und in Asien bereits eifrig an der Entwicklung von Hybrid- und Elektromotoren gearbeitet wurde. Eine Dekade später sind die deutschen Marken wieder auf dem Vormarsch, um sich ihre technologischen Spitzenplätze zurückzuerobern, haben aber noch einiges aufzuholen. Tesla, der US-Senkrechtstarter, setzt gerade alle Hebel in Bewegung, um in Brandenburg seine «Gigafactory» zu bauen.

Wenn die Pandemie neben dem Chaos, den Opfern und den wirtschaftlichen Einbrüchen wenigstens eine positive Wirkung hat, dann ist es die, dass sie den Menschen weltweit vor Augen führt, wie verletzlich die Ökosysteme und die vermeintlich so hochentwickelte Welt ist, die wir bewohnen. Denn die vielleicht größte Krise von allen steht uns noch bevor.

In ihrer Neujahrsbotschaft für das Jahr 2020, als die Pandemie noch nicht in Europa angekommen war, erklärte Angela Merkel auch mit Blick auf ihre Nachfolger die Bewältigung des Klimawandels zum wichtigsten Thema für ihre restliche Amtszeit. «Ich bin mit meinen 65 Jahren in einem Alter, in dem ich persönlich nicht mehr alle Folgen des Klimawandels erleben werde, die sich einstellen würden, wenn die Politik nicht handelte», sagte sie der Nation. «Es sind ja unsere Kinder und Enkel, die mit den Folgen dessen leben müssen, was wir heute tun oder unterlassen. Deshalb setze ich all meine Kraft dafür ein, dass Deutschland seinen Beitrag leistet – ökologisch, ökonomisch, sozial –, den Klimawandel in den Griff zu bekommen.»[20] Das klingt fast wie ein Eingeständnis der Kanzlerin, beim Thema Ökologie enttäuscht zu haben, nachdem sie sich anfangs als Vorkämpferin der grünen Agenda gegeben hatte.

Wer immer ihr nachfolgt, weiß, dass Deutschland trotz allen Drucks seitens der Kohle- und Autolobby und der politischen Rechten im Osten die Chance hat, einen neuen Weg aufzuzeigen – und die Verpflichtung, auf ihm voranzugehen. Es hat das technologische Können, es hat die nötigen politischen Strukturen. Trotz der vielen verpassten Möglichkeiten ist die Sorge um die Umwelt im Zentrum der Gesellschaft angekommen wie bei kaum einer anderen Nation.

Vor allem wird zum ersten Mal seit der Koalition unter Gerhard Schröder und Joschka Fischer mit großer Wahrscheinlichkeit die Partei Die Grünen wieder an der Macht beteiligt sein. In Landtags- und Kommunalwahlen kann sie inzwischen mehr Stimmen auf sich vereinen als die SPD und liegt auch in Umfragen regelmäßig vor dieser. Entweder es wird zu einer Koalition mit der CDU kommen – und damit zur ersten schwarz-grünen Bundesregierung, ein Bündnis, das sich in Hessen und Baden-Württemberg schon bewährt hat. Oder es wird eine rot-rot-grüne Koalition aus SPD, Grünen und der Linken, wie bereits in Berlin, Bremen und Thüringen entstehen.

Der Vorwurf vor allem junger Klimaschützer, dass die Grünen sich anpassen und opportunistisch agieren, ist wohl berechtigt. Auch sie begnügen sich mit Kompromissen und konzentrieren sich auf das Machbare – ganz der traditionellen deutschen Politik der kleinen Schritte entsprechend. Wie viel Radikalität werden sie sich in politischer Verantwortung beim Umgang mit der Auto- und Kohlelobby leisten können? Zumindest werden sie in der Position sein, um es zu versuchen. Das Land, das als Erstes die Bedeutung der Umweltkrise begriff und diesem Wissen in Politik und Gesellschaft Geltung verschaffte, würde so seinem Ruf wieder gerecht werden können. Mit den Grünen als neuem Machtfaktor hat es im Gegensatz zu den meisten anderen Ländern in diesen schwierigen Zeiten die besten Voraussetzungen für eine gute Geschichte.

FAZIT

# Warum Deutschland es besser macht

Seit dem Ende des Zweiten Weltkriegs haben die Deutschen einiges erlebt: die Teilung, den Bau der Mauer und den Kalten Krieg. Aber stets konnten sie sich auf die Unterstützung anderer verlassen. Damit ist es nun vorbei. Die Frage lautet also nicht: Soll Deutschland mehr Verantwortung übernehmen? Sie lautet: In welcher Weise soll das geschehen? Die Herausforderungen, die Deutschland in den vergangenen 30 Jahren gemeistert hat, hätten andere Nationen in die Knie gezwungen. Ohne zu übertreiben kann man sagen, dass dieses Land eine ganz besondere Fähigkeit zur Krisenbewältigung entwickelt hat.

Eine kompetente Regierung, gut qualifizierte Arbeitskräfte, solide Staatsfinanzen, starke Regionen, gesellschaftliche Solidarität und genauso: Mitgefühl – Deutschland hat der Welt gezeigt, wie sich mit diesem Instrumentarium Krisen – nicht zuletzt Corona – bewältigen lassen.

Die Resilienz des heutigen Deutschland wird wesentlich durch die Person Angela Merkels verkörpert. Kurz vor ihrer Ankündigung, bei der nächsten Bundestagswahl nicht mehr als Kanzlerkandidatin anzutreten, sagte sie, es sei für Deutschland «an der Zeit, ein neues Kapitel aufzuschlagen»[1]. Noch bis vor kurzem fand man nicht nur in Deutschland Gefallen daran, sich über die Kanzlerin lustig zu machen. Sie habe ihr Verfallsdatum überschritten, hieß es. Sie verhindere die Modernisierung des Landes. Die Zeitschrift *Foreign Policy* sprach von einer «lieblosen großen Koalition», die eine «undurchschaubare» Außenpolitik betreibe.[2] Vor allem was Merkels vierte und letzte Amtszeit betrifft, ist diese Kritik in Teilen auch berechtigt.

Immerhin aber zeugen ihre Umfragewerte von einem Beliebtheitsgrad, der, wenn auch niedriger als früher, sich im Vergleich mit anderen Staatsführern der Welt durchaus sehen lassen kann und weit höher liegt als der ihrer eigenen Partei. Je schwieriger die Dinge wurden, desto mehr hob sie sich durch ihre Gelassenheit von anderen Regierungschefs ab. Für manche mag sie mürrisch wirken, für die meisten wohl eher pflichtbewusst. Sie lässt sich in ihrer ganz eigenen Art nicht verbiegen. Nach ihrem Vermächtnis befragt, erklärte sie lediglich, dass sie über ihre Rolle in der Geschichte nicht nachdenke und nur ihre Arbeit mache.[3]

Viele haben Sorge, wie es nach ihr weitergehen wird, und das zu Recht. Die neue Führungsgeneration wird eine gewaltige Verantwortung übernehmen müssen. Was für ein Deutschland werden sie lenken, wie wird das künftige Europa aussehen und wie die Welt?

Vielleicht hilft es zur Beantwortung dieser Fragen, sich eine völlig gegenteilige Erfahrung anzuschauen. Boris Johnson und seine Minister haben zusammen mit den meisten Medien zur Bekämpfung der Pandemie auf ein Neues den «Blitz-Spirit» beschworen, nur um dann bei sämtlichen Maßnahmen zu versagen. So kam es, dass das Vereinigte

Königreich zu Ende des ersten Jahres der Pandemie gemessen an der Bevölkerung eine der höchsten Opferzahlen der Welt aufwies. Gleiches geschah beim Thema Brexit. Während das Land noch auf den schlimmstmöglichen Austritt aus der EU zusteuerte – eine wirtschaftliche und gesellschaftliche Selbstbeschädigung sondergleichen –, schob seine Regierung Brüssel die Schuld für alle Probleme zu.

Inzwischen haben die Deutschen ihren Schock und ihre Enttäuschung über Großbritannien überwunden. Nach dem formellen Austritt des Vereinigten Königreichs im Januar 2020 orientierten sie sich rasch um. Die Possen des Premierministers und die Brexit-Turbulenzen interessierten sie nicht mehr weiter. Demonstrative Gleichgültigkeit prägte ihr Handeln. Britische Diplomaten hatten es nicht leicht in dieser Zeit. Ich empfand Mitleid, als ein deutscher Journalist einen von ihnen bei einem Drink fragte: «Können Sie mir versichern, dass Großbritannien nach wie vor zum Westen gehört?»

In einigen Berliner Kreisen ist es Mode geworden, den deutschen Weg schlechtzumachen. Manche (zum Glück eher Außenseiter) äußern sogar einen gewissen Neid auf Boris Johnsons «lebendigen» Politikstil. Seid bloß vorsichtig, was ihr euch da wünscht, kann ich nur sagen. Wer Unterhaltung will, sucht sie besser nicht in der Politik. Wenn ihr einen Clown sehen wollt, geht lieber in den Zirkus.

Großbritannien ist ein klassisches Beispiel für Größenwahn, Inkompetenz – und Leid. Je länger die Pandemie andauert und je größer die Nostalgie wird, desto klarer wird auch, dass die Ära von 1939 bis 1945 die letzte gewesen war, in der sich im Vereinigten Königreich die ganze Nation in gesellschaftlicher Solidarität verbunden gefühlt hatte. Ob sich dies je wieder erreichen lässt? Eine ganze Politikergeneration hat die ökonomische Spaltung des Landes verschärft und das Volk, das sich wie in anderen Ländern auch nach Gemeinschaft sehnte, enttäuscht. Im Unterschied dazu müssen Werte, die die angelsächsische Welt kurzerhand als altmodisch abgetan hatte – Familie, Verantwortung und die Rolle des Staates –, in Deutschland zu Beginn des dritten Jahrzehnts des 21. Jahrhunderts nicht erst rehabilitiert werden. Sie waren dort einfach nie aus der Mode gekommen.

*Langsam, aber sicher* – das ist die Art der Deutschen. Ihre ausgeprägte Regelversessenheit kann einen verschrecken. Die zögerliche Haltung gegenüber Innovationen und Risiken, die Weigerung, auch einmal alle Fünfe gerade sein zu lassen, mag oft lähmend wirken. Dennoch hat diese gewissenhafte, wohlüberlegte Herangehensweise Schutz vor plötzlichen Erschütterungen geboten und dazu beigetragen, die vier Schlüsselmomente der Nachkriegsgeschichte zu meistern. Sie half dem Land beim Wiederaufbau nach den Schrecken der Nationalsozialisten, als es darum ging, mit dem Grundgesetz von 1949 einen neuen demokratischen Weg zu finden. Sie federte Krisen ab, sei es die Protestbewegung von 1968, den Mauerfall 1989 oder die Flüchtlingskrise 2015, bis hin zu den Herausforderungen, denen Deutschland im gerade erst begonnenen Jahrzehnt nun gegenübersteht.

Welche Herausforderungen Deutschland auf lange Sicht bewältigen muss, zeichnet sich deutlicher ab denn je. Das traditionelle Wirtschaftsmodell tut sich schwer mit der neuen Generation der Hochtechnologien. Hat Deutschland das Zeug, bei der Entwicklung von Elektrofahrzeugen, künstlicher Intelligenz und maschinellem Lernen mit den

USA und China mitzuhalten? Wird es Unternehmertum und Flexibilität zulassen? Kann es jungen Visionären erlauben, schnell zu scheitern? Wenn man die deutsche Politik und seine öffentliche Ordnung betrachtet, so gab es im Land stets einen Konsens, der einige der langlebigsten und erfolgreichsten Regierungen Europas hervorgebracht hat. Radikale Ideen stoßen immer wieder auf die vom System geforderten Kompromisse; dies gehört zum Auf und Ab des deutschen Lebens. Derzeit bräuchte man mehr von ersteren, ohne dass man auf letztere verzichten sollte. Deutschland muss mutiger werden. Aber es muss die Werte, die ihm teuer sind, verteidigen – und dazu beitragen, sie zu verbreiten.

Vorsicht und Abwägen bieten auf jeden Fall bessere Aussichten für die Zukunft als planlose Politik, gepaart mit Selbstüberschätzung, wie sie in anderen Ländern üblich ist, die meinen, alles besser zu machen, ohne dass ihnen viel gelingt. Der britische Architekt David Chipperfield formulierte es mir gegenüber so: «Die Deutschen artikulieren Ängste, die wir alle haben sollten.» Martin Rennert, der ehemalige Präsident der Berliner Universität der Künste, ein Jude aus Brooklyn, der seit 35 Jahren in Deutschland lebt, erklärte mir: «Bei allen Unzulänglichkeiten bewundere ich die Art und Weise, wie die Dinge hier ablaufen. Die intelligente Art und Weise, wie Entscheidungen getroffen werden. Das macht die Entscheidungen nicht automatisch richtig, aber der Prozess beruhigt.» Oder wie es Paul Lever, ehemaliger britischer Botschafter in Deutschland, formulierte: «Im heutigen Deutschland zu leben, wie es mir fünf Jahre vergönnt war, bedeutet, die Vorzüge der europäischen und westlichen Zivilisation in vollem Umfang zu erleben.»

Die Deutschen können sich nach wie vor nicht mit dem

Gedanken anfreunden, dass sie in vielerlei Hinsicht Dinge besser machen. Der Gedanke, dass sie irgendjemandem eine Lektion erteilen könnten, erschreckt sie. Ich muss zugeben, als ich anfing, die Idee zu diesem Buch zu entwickeln, war dieser Gedanke auch für mich ein eher zartes Pflänzchen. Aber je mehr ich mich damit beschäftigte, wie die Deutschen sich mit ihrer jüngsten Geschichte beschäftigt haben, welche Politik sie betreiben, wie sie Geschäfte machen, Krisen managen, wie sie miteinander und mit der Außenwelt umgehen, desto mehr überzeugte er mich. Gerade in diesen schwierigen Zeiten würden andere Länder einen Fehler begehen, wenn sie die emotionale Reife und Stärke Deutschlands nicht nutzten.

Alles in allem ist die Geschichte Deutschlands der letzten 75 Jahre eine erstaunliche Erfolgsstory. Sie ist von einer Stabilität gekennzeichnet, wie sie Länder wie die USA, Frankreich oder mein Heimatland England aus verschiedenen Gründen nur schwer erreichen können. Nationen, die mit Problemen der Gegenwart zu kämpfen haben, suchen häufig Trost in der nostalgischen Rückschau auf die – ob nun reale oder vermeintliche – Größe vergangener Tage. Das ist Deutschland aufgrund seiner Geschichte verwehrt.

Im Jahr 2016 sagte Angela Merkel auf dem Höhepunkt der Flüchtlingskrise, als ihr viel öffentliche Kritik entgegenschlug: «Aber meine – wenn ich es jetzt etwas hart sage – verdammte Pflicht und Schuldigkeit besteht darin, alles dafür zu tun, dass dieses Europa einen gemeinsamen Weg findet.» Dieses Zitat könnte man als das Leitmotiv ihrer Amtsjahre betrachten. Sie hat versucht, die zahlreichen Probleme anzugehen, eins nach dem anderen, und dabei ganz Europa mitzunehmen. Das war richtig so, und wer immer ihr nachfolgt, ist gut beraten, diesen Weg weiterzugehen. Zugleich sollte Deutschland Führung übernehmen. Dies kann es nicht alleine schaffen, aber es darf sich auch nicht mehr hinter alten Gewissheiten verstecken.

Deutschland ist Europas größte Hoffnung in dieser Ära des Nationalismus, der Gegenaufklärung und der Angst. Großbritannien war ebenso wie die Vereinigten Staaten stets ein Land, an dem andere sich orientieren konnten, aber beide haben sich aus ihrer Verantwortung für die Welt weitgehend zurückgezogen.

Mein Heimatland leidet weiterhin unter überwältigender Inkompetenz und Selbsttäuschung. Hingegen haben die Vereinigten Staaten durch die Wahl von Joe Biden zum 46. Präsidenten zumindest die Chance auf einen Neuanfang – auch wenn sie sich auf eine harte Auseindersetzung mit den nationalistisch-populistischen Kräften einstellen müssen, die sich dort und in vielen anderen Ländern der Welt zum Kampf rüsten.

Vorsichtig und furchtsam bahnen wir uns den Weg aus der Pandemie, und da sich noch nicht abschätzen lässt, welchen Preis sie in Wirtschaft und Gesellschaft fordern wird, erscheint uns die Welt als ein so unsicherer Ort wie seit dem Zweiten Weltkrieg nicht mehr.

Wer wird die europäischen Werte inmitten des rasanten Wandels vertreten? Wer wird sich für die liberale Demokratie starkmachen? Deutschland kann dies nicht nur, sondern muss es sogar tun, weiß es doch wie kein anderes Land, was geschieht, wenn man nicht die Lehren aus seiner Geschichte zieht.

# Danksagung

Das Deutschland, das ich während meines Aufenthalts in den 1980er und 1990er Jahren kennenlernte, hat sich verändert. Wie ich bei meiner Rückkehr sah, ist das Leben hier in den letzten Jahren nicht nur bunter, sondern auch leichter und anregender geworden.

In der Einleitung habe ich bereits geschildert, dass meine Freunde und Bekannten von damals verdutzt waren, als ich ihnen von meinem Buchkonzept erzählte. Vor allem die Deutschen gingen davon aus, dass sich meine Ansicht im Verlauf meiner Reise allmählich ändern würde. Ich ließ mich von meinen Begegnungen leiten, folgte den zahlreichen Einladungen zum Kennenlernen mir bis dahin fremder Menschen und zum Besuch von Veranstaltungen. Ich fuhr zu Orten, die mir neu waren, und sah mir meine alten Lieblingsecken an.

Menschen aus allen Lebensbereichen ließen mich an ihren Erfahrungen, Erkenntnissen und Ansichten teilhaben, nahmen mich auf und führten mich in ihre Kreise ein. Ohne sie hätte dieses Buch nicht zu dem werden können, was es nun ist.

Ich hoffe, dass ich niemanden ausgelassen habe. Wenn doch, möchte ich mich schon an dieser Stelle dafür entschuldigen.

Im Vereinigten Königreich danke ich Cathy Ashton, Jonathan Charles, David Chipperfield, Christoph Denk, Alan Duncan, Anthony Dworkin, Nigel Edwards, Jan Eichhorn, Alex Ellis, Dorothy Feaver, Peter Foster, Susanne Frane, Ulrike Franke, Simon Fraser, Charles Grant, Stephen Green, John Gummer, David Halpern, Nick Hillman, Sian Jarvis, Hans Kundnani, Paul Lever, Neil MacGregor, Michael Maclay, Jurgen Maier, John Major, David Manning, Andrew Peters, Vicky Pryce, Katharina von Ruckteschell-Katte, Nigel Sheinwald, Phil Thomas, Marc Vlessing, Peter Wittig.

In Berlin: Thomas Bagger, Ronan Barnett, Annette von Brocker, Alastair Buchan, Frank Alva Bucheler, Tobias Buck, Robbie Bulloch, Barbara Burckhardt and Hardy Schmitz, Katy Campbell, Martin Eyerer, Andreas Fanizadeh, Uwe Fechner, Jens Fischer and Heinz Schulte, Marcel Fratzscher, Benjamin Gorlach, August Hanning, Anke Hassel, Wolfgang Ischinger, Max Jarrett, Joe Kaeser, Rachel King, R. Andreas Kraemer, Rudiger Lenz, Stefan Mair, Claudia Major, Susan Naiman, Johannes Noske, Tom Nuttall, Philip Oltermann, Hermann Parzinger, Alan Posener, Jana Puglierin, Martin Rennert, Wiebke Reed, Konstantin Richter, Norbert Röttgen, Sophia Schlette, Carina Schmid und Janusz Hamerski, Bettine Schmitz, Ulrich Schmitz, Julie Smith, Rebecca Stromeyer, Jan Techau, Bettina Vestring und Judy Dempsey, Johannes Vogel und Sarah Darwin, Beate Wedekind, Jan Weidenfeld, Thomas Wiegold, Sebastian Wood, Katharina Wrohlich, Astrid Ziebarth.

Außerdem danke ich: Ulrich Wilhelm, Matthias Mühling, Alex Schill, Klaus Goetz (München); Antje Hermenau, Helmut Haas, Thomas Weidinger, Alf Thum, Paula Guth (Leipzig); Dirk Burghardt, Marcel Thum (Dresden); Ulrike Kremeier (Cottbus); Hermann Mildenberger (Weimar); Frederik Fischer (Wittenberge); Bettina Leetz (Potsdam); Nick Jefcoat, Rolf Kraemer, Andrej Kupetz, Amanda Diel, Eric Menges (Frankfurt); Andreas Rödder (Mainz); Tina Grothoff, Wolfgang Wahner-Schmitz (Bonn); Tom Bolzen, Roger Brandts, Tim Hörnemann (Mönchengladbach); Eric Scheffler (Düsseldorf); Johannes Pflug, Martin Ahlers (Duisburg); Manfred von Holtum, Günter Schulte (Aachen); Cihan Sügür (Stuttgart); Markus Schill (Mannheim); Olaf Bartels (Hamburg); Catherine Myerscough (Hannover); Heather Grabbe (Brüssel); Andreas Schleicher (Paris).

Mein ganz besonderer Dank gilt jenen, die mir stets mit Rat zur Seite standen und die diverse Fassungen dieses Buchs vorab gelesen haben: Robert und Monika Birnbaum, Stefanie Bolzen, Guy Chazan, Rupert Glasgow, Cornelius Huppertz, Reiner Kneifel-Haverkamp, Benedetta Lacey, Christian Odendahl, Daniel Tetlow und Stewart Wood.

Dies ist das sechste Buch, das ich im Verlauf von 25 Jahren geschrieben habe. Am meisten verdanke ich Andrew Gordon, der mich als Agent bei diesem großartigen Abenteuer begleitet hat. Ich freue mich, nun den nächsten Schritt mit Karolina Sutton von Curtis Brown zu gehen. Die Zusammenarbeit mit Atlantic Books und meinem Lektor Mike Harpley war mir stets eine Freude. Ich danke Will Atkinson und seinem dortigen Team, Kate Straker, Jamie Forrest, Alice Latham, Mike Jones, David Inglesfield und James Pulford, dass mit ihrer Hilfe trotz der Corona-Pandemie die Dinge reibungslos über die Bühne gingen.

Ich freue mich sehr, in Deutschland mit meiner neuen Agentin Michaela Röll zusammenzuarbeiten und dem ganzen Team von Rowohlt – Johanna Langmaack, Nora Gottschalk und Lisa Marie Paesike.

Meinem Assistenten Sam FitzGibbon, der die Recherchen durchführte, bin ich zu höchstem Dank verpflichtet. Mit außergewöhnlichem Talent stöberte er Dokumente auf, machte Interviewtermine fest und gab mir in allen Arbeitsphasen wertvolle Tipps.

Und schließlich danke ich meiner Familie – Lucy, Alex und Constance –, die auf jedem meiner Wege, und so auch auf diesem, bei mir waren.

# Anmerkungen

## EINLEITUNG – Deutschland und die Insel

1 Zitiert in: G. Wheatcroft, England Have Won Wars Against Argentina and Germany. Football Matches, Not So Much., New Republic, 12. Juli 2014.
2 P. Morgan, Mirror Declares Football War on Germany, Daily Mirror, 24 Juni 1996.
3 M. Sontheimer, Gefangene der Geschichte, Spiegel, 16. Dezember 2002.
4 D. Woidke, speaking at Chatham House conference, Berlin, 7. November 2019.
5 Brief an Helmut Schmidt 18. November 1974, P. Oltermann, Beach Towels and Brexit: How Germans Really See the Brits, Guardian, 30. September 2019.
6 S. Schama & S. Kuper, Margaret Thatcher 1925–2013, Financial Times, 12. April 2013.
7 Nicholas Ridley, in einem Interview mit Dominic Lawson, damals Redakteur des Spectator. Siehe: J. Jones, From the Archives: Ridley was Right, Spectator, 22. September 2011.
8 Zitiert in: A. Hyde-Price, Germany and European Security before 1990, in K. Larres (Hg.), Germany since Unification: The Development of the Berlin Republic, Basingstoke 2001, S. 206.
9 M. Thatcher, The Downing Street Years, London 1993, S. 813.
10 G. Will, Today's Germany is the best Germany the World has seen, Washington Post, 4. Januar 2019.

## KAPITEL 1 – Wiederaufbau und Erinnerung

1 F. Stern, Five Germanys I have known, New York 2006, S. 425.
2 Ebd., S. 4.

3 A. J. P. Taylor, The Course of German History: A Survey of the Development of Germany since 1815, London 1945, S. 13.
4 G. Orwell, Creating Order out of Cologne Chaos, Observer, 25. März 1945.
5 N. MacGregor, Germany: Memories of a Nation, London 2014, S. 484.
6 Ebd.
7 Zitiert in: ebd.
8 Zitiert in: S. Crawshaw, Easier Fatherland: Germany and the Twenty-First Century, London 2004, S. 23–24.
9 G. C. Marshall, The Marshall Plan Speech, Harvard University, Cambridge, MA, 5. Juni 1947, marshallfoundation.org/marshall/themarshall-plan/marshall-plan-speech (zuletzt aufgerufen 1. November 2019).
10 H. Lübbe, Der Nationalsozialismus im Bewußtsein der deutschen Gegenwart, Frankfurter Allgemeine Zeitung, 24. Januar 1983.
11 S. Friedlander, Memory, History and the Extermination of the Jews of Europe, Bloomington and Indianapolis 1993, S. 8.
12 H. Arendt, Eichmann in Jerusalem. Ein Bericht von der Banalität des Bösen, München 2008, S. 400 f.
13 W. Brandt, Erinnerungen, Propyläen-Verlag, Frankfurt am Main 1989, S. 214.
14 R. von Weizsäcker, Gedenkveranstaltung im Plenarsaal des Deutschen Bundestages zum 40. Jahrestag des Endes des Zweiten Weltkrieges in Europa, Bonn, 8. Mai 1985, https://www.bundespraesident.de/SharedDocs/Reden/DE/Richard-von-Weizsaecker/Reden/1985/05/19850508_Rede.html (zuletzt abgerufen 22. Januar 2021).
15 H. Kohl, Rede im Knesset, Jerusalem, 24. Januar 1984.
16 E. Nolte, Vergangenheit, die nicht vergehen will: Eine Rede, die geschrieben, aber nicht mehr gehalten werden konnte, Frankfurter Allgemeine Zeitung, 6. Juni 1986.
17 P. Lever, Berlin Rules: Europe and the German Way, London, I. B. Tauris, 2017, S. 45.
18 A. Beevor, Letter to the Editor: A Woman in Berlin, New York Times, 25. September 2005.
19 W. G. Sebald, Luftkrieg und Literatur, Frankfurt am Main 1999.
20 Ebd., S. 6.
21 J. Haidt, K. Stenner: Authoritarianism is Not a Momentary Madness; in Cass R. Sunshein: Can it Happen Here?, Dry Street Books 2018.

## KAPITEL 2 – Die Sehnsucht nach Stabilität

1 Interview mit Angela Merkel, Bild, 29. November 2004. Siehe: M. Ottenschläger, Sind wir noch ganz dicht?, Zeit, 9. Dezember 2004.
2 M. Orth, Angela's Assets, Vanity Fair, Januar 2015.
3 Ebd.
4 C. Drosser, Geflügeltes Wort, Zeit, 5. November 2009.
5 H.A. Winkler, Der lange Weg nach Westen, Band 2: Deutsche Geschichte vom «Dritten Reich» bis zur Wiedervereinigung, München 1993.
6 T. Buck, Lingering Divide: Why East and West Germany are Drifting Apart, Financial Times, 29. August 2019.
7 wahl.tagesschau.de/wahlen/2019-09-01-LT-DE-SN/umfrage-aktuellethemen.shtml (abgerufen am 10. Februar 2021)
8 S. Neiman, Learning from the Germans: Race and the Memory of Evil, London 2019, S. 82.
9 Ebd.
10 Germans still don't Agree on what Reunification Meant, Economist, 31. Oktober 2019.

## KAPITEL 3 – Multikulti

1 Global Trends: Forced Displacement in 2018, UNHCR, 20. Juni 2019, unhcr.org/5d08d7ee7.pdf (zuletzt aufgerufen 10. Oktober 2019).
2 J. Delcker, The phrase that haunts Angela Merkel, Politico, 19. August 2016.
3 One in every four German residents now has migrant background, The Local, 1. August 2018; L. Sanders IV, Germany second-largest destination for migrants: OECD, Deutsche Welle, 18. September 2019.
4 S. Boniface, It's starting to look like Germany won WW2 in every-way bar the fighting, Mirror, 7. September 2015.
5 Ebd.
6 Pressekonferenz von Bundeskanzlerin Merkel und dem österreichischen Bundeskanzler Faymann, Berlin, 15. September 2015, bundesregierung.de/breg-de/aktuelles/pressekonferenzen/pressekonferenz-von-bundeskanzlerin-merkel-und-dem-oester

reichischen-bundeskanzler-faymann-844442 (zuletzt aufgerufen 1. Dezember 2019).

7 Ausgelassene Stimmung – Feiern weitgehend friedlich, POLK: 160101-1-K/LEV, 1. Januar 2016, presseportal.de/blaulicht/pm/12415/3214905 (zuletzt aufgerufen 29. April 2020). Siehe auch: Ausgelassene Stimmung – Feiern weitgehend friedlich, Süddeutsche Zeitung, 5. Januar 2016.

8 Y. Bremmer und K. Ohlendorf, Time for the facts. What do we know about Cologne four months later?, Correspondent, 2. Mai 2016.

9 Der Journalist sprach beim «Brown Bag Lunch: ‹Populism and its Impact on Elections: A Threat to Democracy?› », Aspen Institute, Berlin, 4. September 2019.

10 T. Abou-Chadi, Why Germany – and Europe – can't afford to accommodate the radical right, Washington Post, 4. September 2019.

11 C. Erhardt, Hasswelle: Kommunalpolitik – Aus Hetze werden Taten, Kommunal, 25. Juni 2019.

12 M. Hohmann, MdB, Hohmann: Ein missbrauchter politischer Mord, 25. Juni 2019, afdbundestag.de/hohmann-ein-missbrauchter-politischer-mord (zuletzt aufgerufen 3. Dezember 2019).

13 K. Proctor und S. Murphy, Andrew Sabisky: Boris Johnson's ex-adviser in his own words, Guardian, 17. Februar 2020.

14 S. Hattenstone, Ai Weiwei on his new Life in Britain: «People are at least polite. In Germany, they weren't», Guardian, 21. Januar 2020.

15 Antisemitismus: «Kann Juden nicht empfehlen, überall die Kippa zu tragen», Zeit, 25. Mai 2019.

16 Ebd.

17 A. Merkel, Rede zum zehnjährigen Bestehen der Stiftung Auschwitz-Birkenau, Auschwitz, 6. Dezember 2019, bundeskanzlerin.de/bkin-de/aktuelles/rede-von-bundeskanzlerin-merkel-zum-zehnjaehrigen-bestehen-der-stiftung-auschwitz-birkenau-am-6-dezember-2019-in-auschwitz-1704518 (zuletzt aufgerufen 7. Dezember 2019).

18 E. Reents, Morde in Hanau: Böser, als die Polizei erlaubt, Frankfurter Allgemeine Zeitung, 20. Februar 2020.

19 Bundesinnenminister Seehofer: «Wir müssen den Rassismus ächten», Bundesministerium des Innern, für Bau und Heimat, 21. Februar 2020, bmi.bund.de/SharedDocs/kurzmeldungen/DE/2020/02/pk-hanau.html (zuletzt aufgerufen 23. Februar 2020).

## KAPITEL 4 – Den Kinderschuhen entwachsen

1 Vgl. T. Barber, Germany and the European Union: Europe's Reluctant Hegemon?, Financial Times, 11.03.2019; H.W. Maull, Germany and Japan: The New Civilian Powers, Foreign Affairs, vol. 69, no. 5, Winter 1990/91.

2 Zitiert nach: G. Will, Today's Germany is the best Germany the world has seen, Washington Post, 4. Januar 2019.

3 Schröder on Kosovo: «The Goal Was Exclusively Humanitarian», Spiegel, 25. Oktober 2006.

4 J. Fischer in einer Rede auf der Bundesdelegiertenkonferenz in Bielefeld, 13. Mai 1999. Vgl. Auszüge aus der Fischer-Rede, Spiegel, 13. Mai 1999.

5 Vgl. Stenographischer Bericht: 186: Sitzung, Deutscher Bundestag, Berlin, 12. September 2001, dipbt.bundestag.de/doc/btp/14/14186.pdf (zuletzt aufgerufen 15. Dezember 2019).

6 G. Schröder, The Way Forward in Afghanistan, Spiegel, 12. Februar 2009.

7 J. Gauck, Eröffnungsrede bei der 50. Münchner Sicherheitskonferenz, München, 31. Januar 2014, bundespraesident.de/SharedDocs/Termine/DE/JoachimGauck/2014/01/140131-Muenchener-Sicherheitskonferenz.html (zuletzt aufgerufen 16. Dezember 2019).

8 F. Steinmeier, Rede von Außenminister Frank Walter Steinmeier anlässlich der 50. Münchner Sicherheitskonferenz, München, 01. Februar 2014, auswaertiges-amt.de/de/newsroom/140201-bm-muesiko/259554 (zuletzt aufgerufen 16. Dezember 2019).

9 Schröder lobt Putin erneut, Spiegel, 11. Dezember 2006.

10 H. Gamillscheg, Denkmalstreit in Tallinn eskaliert, Frankfurter Rundschau, 28. April 2007.

11 Vgl. T. Paterson, Merkel Fury after Gerhard Schroeder backs Putin on Ukraine, Telegraph, 14. März 2014; Der Altkanzler im Interview: Schröder verteidigt Putin und keilt gegen Merkel, Bild, 22. Dezember 2017.

12 Das «Wall Street Journal» stellt eine unbequeme Frage: Warum gibt es keine Sanktionen gegen Schröder?, Bild, 18. März 2018.

13 J.D. Walter, D. Janjevic, Vladimir Putin and Angela Merkel: Through good Times and bad, Deutsche Welle, 18. August 2018.

14 Vgl. G. Packer, The Quiet German: The Astonishing rise of Angela Merkel, the most Powerful Woman in the World, New Yorker, 24. November 2014.

15 Ebd.
16 Weißbuch 2016: Zur Sicherheitspolitik und zur Zukunft der Bundeswehr, Bundesministerium der Verteidigung, Berlin, Juni 2016, S. 32.
17 S. Thévoz und P. Geoghegan, Revealed: Russian Donors have Stepped up Tory funding, Open Democracy, 5. November 2019.
18 S. B. Glasser, How Trump Made War on Angela Merkel and Europe, New Yorker, 17. Dezember 2018.
19 I. Trayno & P. Lewis, Merkel compared NSA to Stasi in heated encounter with Obama, Guardian, 17. Dezember 2013.
20 R. Hilmer & R. Schlinkert, ARD-DeutschlandTREND: Umfrage zur politischen Stimmung im Auftrag der ARD-Tagesthemen und Die Welt, Berlin 2013, infratest-dimap.de/fileadmin/_migrated/content_uploads/dt1311_bericht.pdf (zuletzt aufgerufen 19. Dezember 2019). Vgl. auch Bürger trauen Obama und den USA nicht mehr, Spiegel, 7. November 2013.
21 K. Martin, T. Buck, US ambassador to Germany backs European right wing, Financial Times, 4. Juni 2019.
22 J. Poushter, M. Mordecai, Americans and Germans Differ in Their Views of Each Other and the World, Pew Research Center, März 2020.
23 L. Barber, G. Chazan, Angela Merkel warns EU: «Brexit is a wake-up call», Financial Times, 15. Januar 2020.
24 P. Köhler, China continues German Shopping Spree, Handelsblatt, 25. Januar 2018.
25 D. Weinland, P. McGee, China's Midea makes offer for German robotics group Kuka, Financial Times, 18. Mai 2016.
26 S. Mair, F. Strack, F. Schaff (Hg.), Partner and Systemic Competitor – How Do We Deal with China's State-Controlled Economy?, Bundesverband der Deutschen Industrie, 10. Januar 2019. Vgl. auch B. A. Düben, The souring mood towards Beijing from Berlin, The Interpreter, The Lowy Institute, 15. April 2019, lowyinstitute.org/theinterpreter/souring-mood-towards-beijing-berlin (zuletzt aufgerufen 29. Dezember 2019).
27 Vgl. «Wir Europäer müssen unser Schicksal in unsere eigene Hand nehmen», Süddeutsche Zeitung, 28. Mai 2017.
28 Vgl. L. Barber, G. Chazan, Angela Merkel warns EU, a. a. O.
29 J. Lau, B. Ulrich, Im Westen was Neues, Zeit, 18. Oktober 2017.
30 T. Bagger, The World According to Germany: Reassessing 1989, Washington Quarterly, vol. 41, no. 4, 2018, S. 55.

## KAPITEL 5 – Der eigenartige deutsche Weg

1 Zitiert nach: R. Zitelmann, The Leadership Secrets of the Hidden Champions, Forbes, 15. Juli 2019, forbes.com/sites/rainerzitelmann/2019/07/15/the-leadership-secrets-of-the-hidden champions/#54b7640e6952 (zuletzt aufgerufen 6. Januar 2020).

2 Vgl. D. R. Henderson, ‹German Economic Miracle›, in: D. R. Henderson (Hg.), The Concise Encyclopedia of Economics, Liberty Fund, 2007, econlib.org/library/Enc/GermanEconomicMiracle.html (zuletzt aufgerufen 5. November 2019).

3 H. C. Wallich, Mainsprings of the German Revival, New Haven 1955, S. 71.

4 The Sick Man of the Euro, Economist, 3. Juni 1999.

5 Vgl. E. von Thadden, Sind wir nicht die Reichsten?, Zeit, 27. März 2013.

6 W. Martin, Workers at BMW, Mercedes and Porsche can now Work a 28-hour Week, Business Insider, 7. Februar 2018.

7 V. Romei, Germany: from «sick man» of Europe to engine of growth, Financial Times, 14. August 2017.

8 Germany's business barons are finding it harder to keep a low profile, Economist, 15. Juni 2019.

9 S. Bach, A. Thiemann, A. Zucco, Looking for the Missing Rich: Tracing the Top Tail of the Wealth Distribution, German Institute for Economic Research, 23. Januar 2018, diw.de/documents/publikationen/73/diw_01.c.575768.de/dp1717.pdf (zuletzt aufgerufen 15. Januar 2020). Vgl. auch F. Diekmann, 45 Deutsche besitzen so viel wie die ärmere Hälfte der Bevölkerung, Spiegel, 23. Januar 2018.

10 Vgl. R. Wearn, «Drowning» in Debt as Personal Borrowing Tops £ 180 bn, BBC News, 20. Januar 2016.

11 Vgl. N. Sagener, Mindestlohn führt kaum zu Entlassungen, Euractiv, 20. Februar 2015.

12 N. Sagener, Kinderarmut in Deutschland – zunehmend normal, zunehmend bedrohlich, Euractiv, 13. September 2016.

13 Pressemeldung: Paritätischer Armutsbericht 2019 zeigt ein viergeteiltes Deutschland, Der Paritätische Gesamtverband, 12. Dezember 2019, der-paritaetische.de/presse/paritaetischer-armutsbericht-2019-zeigt-ein-viergeteiltes-deutschland (zuletzt aufgerufen 17. Januar 2020).

14 Vgl. Ackermann räumt Mitschuld der Bankmanager ein, Spiegel, 30. Dezember 2008.

15 M. Hüther, J. Südekum, The German Debt Brake Needs a Reform, VoxEU, 6. Mai 2019.
16 G. Clark, Question Time, BBC One, 23. November 2017.
17 S. Wood, Whisper it softly: it's OK to like Germany, Guardian, 13. Juli 2014.

## KAPITEL 6 – Die Post-Corona-Gesellschaft

1 G. Chazan, Oversupply of Hospital Beds Helps Germany to Fight Virus, Financial Times, 13. April 2020.
2 Angela Merkel, Neujahrsansprache der Bundeskanzlerin der Bundesrepublik Deutschland am 31. Dezember 2020, Berlin 2020.
3 Gesellschaftlicher Zusammenhalt durch Teilhabe, Bundesministerium des Innern, für Bau und Heimat, bmi.bund.de/DE/themen/heimat-integration/gesellschaftlicher-zusammenhalt/gesellschaft licher-zusammenhalt-node.html (zuletzt aufgerufen 22. Januar 2021).
4 M. Grosekathofer, Früher war alles schlechter: Zahl der Vereine, Spiegel, 15. April 2017; A. Seibt, The German obsession with clubs, Deutsche Welle, 6. September 2017.
5 Berufliche Bildung, Bundesministerium für Bildung und Forschung, bmbf.de/de/berufliche-bildung-69.html (zuletzt aufgerufen 20. Februar 2020).
6 S. Holig, U. Hasebrink, Germany, in N. Newman, R. Fletcher, A. Kalogeropoulos & R. K. Nielsen (Hg.), Reuters Institute Digital News Report 2019, Reuters Institute, 2019, S. 86–7, reutersinstitute.politics.ox.ac.uk/sites/default/files/inline-files/DNR_2019_FINAL.pdf (zuletzt aufgerufen 26. Februar 2020).
7 K. Bennhold, Women Nudged Out of German Workforce, New York Times, 28. Juni 2011.
8 J. Hensel, Angela Merkel: «Parität erscheint mir logisch», Zeit, 23. Januar 2019.
9 M. Diermeier & H. Goecke, Capital Cities: Usually an Economic Driving Force, Institut der deutschen Wirtschaft, 20. Oktober 2017, iwkoeln.de/presse/iw-nachrichten/beitrag/matthias-dier meier-henrygoecke-capital-cities-usually-an-economic-driving-force-366303.html (zuletzt aufgerufen 21. Februar 2020).
10 104 Prozent in 10 Jahren: Trotz Mietpreisexplosion ist Berlin

im Städtevergleich noch im Mittelfeld, Nürnberg, 25. Juli 2019, presseportal.de/pm/24964/4332090 (zuletzt aufgerufen 22. Januar 2021).

11 Germany 2020: Energy Policy Review, International Energy Agency, Februar 2020, S. 27–8, bmwi.de/Redaktion/DE/Downloads/G/germany-2020-energy-policy-review.pdf?__blob=publicationFile&v=4 (zuletzt aufgerufen 5. März 2020).

12 Entwicklung des Anteils erneuerbarer Energien am Bruttostromverbrauch in Deutschland, Bundesministerium für Wirtschaft und Energie, März 2020, erneuerbare-energien.de/EE/Navigation/DE/Service/Erneuerbare_Energien_in_Zahlen/Entwicklung/entwicklung-der-erneuerbaren-energien-in-deutschland.html (zuletzt aufgerufen 31. März 2020).

13 Ebd.

14 S. Kersting & K. Stratmann, Die Öko-Lüge – Wie Deutschland seine Vorreiterrolle beim Klimaschutz verspielte, Handelsblatt, 18. Oktober 2018.

15 Ebd.

16 T. Buck, Germany unveils sweeping measures to fight climate change, Financial Times, 20. September 2019.

17 K. Bennhold, Impose a Speed Limit on the Autobahn? Not So Fast, Many Germans Say, New York Times, 3. Februar 2019.

18 Ebd.

19 Abgasaffäre: VW-Chef Müller spricht von historischer Krise, Spiegel, 28. September 2015.

20 A. Merkel, Neujahrsansprache 2020, 31. Dezember 2019, bundesregierung.de/breg-de/service/bulletin/neujahrsansprache-2020-1709738 (zuletzt aufgerufen 10. Februar 2020).

## FAZIT – Warum Deutschland es besser macht

1 Angela Merkels Erklärung im Wortlaut, Welt, 29. Oktober 2018.

2 N. Barkin, You May Miss Merkel More Than You Think, Foreign Policy, 9. März 2020.

3 L. Barber und G. Chazan, Angela Merkel warns EU: «Brexit is a wake-up call», Financial Times, 15. Januar 2020.